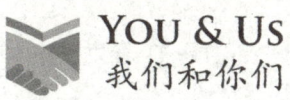

中国和土耳其的故事

徐鹏 / 主编

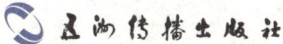

图书在版编目（CIP）数据

中国和土耳其的故事 / 徐鹍主编 . —北京：五洲传播出版社，2018.9
ISBN 978-7-5085-3786-3

Ⅰ . ①中… Ⅱ . ①徐… Ⅲ . 中外关系 – 友好往来 – 土耳其 Ⅳ . ① D822.237.4

中国版本图书馆 CIP 数据核字（2017）第 211837 号

中国和土耳其的故事

主　　编：	徐　鹍
特邀组稿：	赵玫玫
出 版 人：	荆孝敏
责任编辑：	高　磊
装帧设计：	北京八度出版服务机构
出版发行：	五洲传播出版社
地　　址：	北京市海淀区北三环中路 31 号生产力大楼 B 座 6 层
邮　　编：	100088
发行电话：	010-82005927，010-82007837
网　　址：	www.cicc.org.cn　www.thatsbooks.com
承　　印：	北京圣彩虹科技有限公司
版　　次：	2019 年 1 月第 1 版第 1 次印刷
开　　本：	787×1092mm 1/16
印　　张：	15.5
字　　数：	220 千字
定　　价：	56.00 元

序

当今社会,数字技术无论是在人们获取信息还是大众的阅读习惯方面,都占据着重要的位置。在这一时代,尊敬的徐鹂先生主编这一新书,无疑是极为恰当的,它为两个文明古国土耳其和中国之间延续了几千年的关系增添了新的光彩,其重要性自不待言。

正如这本新书的问世表明,在当今日新月异的世界上,总有一些经久不衰的东西存在,譬如土中两国及两国人民之间的友好关系就是这样。

尊敬的徐鹂先生是这样一位朋友,他对于两国和两国人民之间的密切接触和融洽相处有着敏锐的观察,而且更重要的是,由于他精通土耳其语,又在土耳其生活过相当长时间,因而对之更有着切身体会和感受。

我能应邀为本书作序,深感荣幸。编写本书是一项前所未有的工作,它是当今世界充满活力,以及在科技进步从方方面面改变着我们的日常生活这一看来还将长期持续的全新环境下,我们两国为了跟上快速变化的时代步伐而发展全方位的双边关系尤其是加强人文领域交流的一个见证。

土中两国关系是包括我在内的 13 位历任土耳其驻华大使以及尊敬的宋爱国、宫小生、郁红阳等历任中国驻土耳其大使和无数两国同僚共同精心培育下的珍贵花朵。

我们两国的关系能发展到当前的水平，首先要归功于土耳其总统雷杰普·塔伊普·埃尔多安和中国国家主席习近平为两国关系的发展指明了方向。我很自豪地看到，在两位具有远见卓识的领导人的带领下，我们两国的友好关系经历了复杂的全球挑战，在增加互信的基础上得到进一步加强，并向更高的水平发展。我坚信，本书也从这种决定性的发展中汲取了能量。

尊敬的徐鹍先生严谨而又涉及多方面的工作，也会对这一具有战略重要性的事实作出诠释，我在此对他表示最衷心的祝贺。

祝愿本书读者可以从历史和现今的不同角度实现一场思想和观念的完美旅程，并从中获取新的灵感和经验。

谨致敬礼！

穆拉特·萨利姆·埃森利
土耳其共和国外交部副次长、前驻华大使
（陈　彦译）

目录

◎ 序 / 穆拉特·萨利姆·埃森利

记忆篇

◎ 穆拉特·萨利姆·埃森利：出使中国的记忆 | 2
◎ 徐鹍：埃夫伦总统和他的中国小孙女 | 8
◎ 诺扬·罗拿：我在中国的 30 余年岁月
　　——一位研究生、外交官和银行首席代表的故事 | 16
◎ 曹轶群：重拾那些难忘的记忆 | 24
◎ 乐万·古文其：关于土中友好的点滴回忆 | 33
◎ 王修平：记我在土耳其工作生活的点点滴滴 | 37
◎ 程海燕：出门靠朋友 | 47
◎ 雅乌兹·欧乃：初到中国时的奇遇 | 54
◎ 吴长青：孔子学院的"洋院长"及土耳其"孔家子弟"
　　的故事 | 60
◎ 单静波：在土耳其投资建厂二三事 | 72
◎ 王琳：难忘我的土耳其家庭 | 79

人物篇

◎ 徐鹍：土耳其将军的茅台缘和中国情 | 88
◎ 吴克明：忆三位土耳其朋友 | 93

- 刘立军：老沙一家 | 107
- 赵玫玫：痴情于中国的土耳其三姐妹 | 117
- 陈绮涛：我和我的土耳其先生 | 126
- 范珣："我的中国冒险之旅，我的中国梦" | 132
- 沈杰：陆爸爸的故事 | 139

交流篇

- 阿德南·阿克弗拉特：革命诗人纳泽姆·希克梅特在中国展现的聚合力 | 144
- 高丽娟：三十年的汉语缘 | 149
- 李赟天：埃森利大使一家的中国情 | 159
- 爱达：难忘的龙头村之行 | 169
- 余引君：陪同土耳其记者看中国 | 180
- 包枫：嫁到土耳其这片热土 | 188
- 刁丽：美食结友谊 | 198
- 智晓静：因茶结缘，以茶会友 | 207
- 阿赫买特·焦什昆·阿伊登：梦幻国度——中国 | 215
- 罗克：巴扎公园的非常土耳其情怀 | 218
- 胡亚天：割不断的中土师生情 | 227

- 后记 | 238

记忆篇

> 穆拉特·萨利姆·埃森利：出使中国的记忆
> 徐　鹍：埃夫伦总统和他的中国小孙女
> 诺扬·罗拿：我在中国的30余年岁月
　　　　　——一位研究生、外交官和银行首席代表的故事
> 曹轶群：重拾那些难忘的记忆
> 乐万·古文其：关于土中友好的点滴回忆
> 王修平：记我在土耳其工作生活的点点滴滴
> 程海燕：出门靠朋友
> 雅乌兹·欧乃：初到中国时的奇遇
> 吴长青：孔子学院的"洋院长"及土耳其"孔家子弟"的故事
> 单静波：在土耳其投资建厂二三事
> 王　琳：难忘我的土耳其家庭

出使中国的记忆

穆拉特·萨利姆·埃森利（土耳其外交部副次长、前驻华大使）
赵蓓蓓译；徐 鹍校

    土中关系源远流长，绵延数千年，不可能用一篇简单的文章加以概括。受我尊敬的挚友和同仁徐鹍之邀约，谨将2009—2013年本人在北京任职期间——那段时间本人还曾为土中关系贡献过一点微薄之力——的两国关系作一个简要阐述，以完成挚友之托。

    自接到要出使中国的消息后，我就深知这是一份荣誉、责任与巨大潜力并存的工作。

    在外交工作中，大使个人的"一枝独秀"是很难实现的，但当他们所任职的国家与大使一样都抱着同样的愿望要发展两国关系的话，那事情就好办多了。特别是，如果你在北京工作，而远在安卡拉的各级同仁都坚定不移地跟你朝着同一个方向前进的话，那你的事业就将一往无前。值此机会，我不得不提起几位尊贵的中国同仁的姓名，以向他们表示我的谢意，他们是：中国前任驻土耳其大使宫小生和现任大使郁红

2013年4月23日，应邀出席"中华健康快车2013光明行"发车仪式的埃森利大使夫妇与中国国务委员杨洁篪夫人乐爱妹参赞合影。

阳、外交部前副部长翟隽（现任驻法国大使）、前西亚北非司司长宋爱国（现任驻埃及大使）和陈晓东（现任外交部部长助理）。

在交代这些工作中技术层面的幕后主角之后，我必须指出，近期两国关系表现出了巨大活力、取得了突出成就，其基础正是两国领导人之间互信的逐步增强，而作为这种互信的结果，2010年，还在我国总统雷杰普·塔伊普·埃尔多安担任总理期间，土中两国建立了战略合作关系。

此外，促使两国彼此接近还有一个因素，就是两国的人文状况以及为其指明方向的文化价值观。土耳其人的根在亚洲，土中两国人民尽管操着不同的语言，但要相知相识却毫不困难。

一如前述，在这各方面都呈现出的良好氛围下，土耳其共和国第11届总统阿卜杜拉·居尔在时隔14年后对中国进行了国事访问、现任总统雷杰普·塔伊普·埃尔多安作为时任土耳其总理在时隔27年后对中国进行了正式访问，这些访问为实现我们的共同目标迈出了坚实的步伐，取得了其应有的历史地位。包括上述访问在内，两国间举行了超过400次的大小活动；中华人民共和国已经成为土耳其共和国的第三大贸易伙伴；中国在能源和基础设施项目中给予土耳其资金和建设支持；中国用"长征二号丁"运载火箭成功将土耳其GK-2地球观

2013年9月11日，中国国务院总理李克强在大连会见土耳其副总理巴巴詹（中）时，与陪同的埃森利大使握手。

埃森利大使的爱子赛利姆·爱盖（虎子）戴上中国的竹编帽，神气十足。

埃森利大使与家人在长城上。

2016年9月4日，二十国集团领导人杭州峰会开幕式前，中国国家主席习近平同抵达会场的土耳其总统埃尔多安握手。（供图：中新社）

测卫星发射升空并送入预定轨道；作为双方互信的标志，两国价值连城的历史文物互相在伊斯坦布尔和上海成功举办了展览，这些都已成为土中交往活动的典范。

以上我简单阐述了两国的正式友好关系。除此之外，我还必须谈谈我和夫人艾芙兰在北京的生活，这段时光已经成为我们生命中难以忘却的记忆。我们在安卡拉举办婚礼后的第六天，就在北京建起了我们的第一个爱巢。我们的爱子赛利姆·爱盖是在北京出生的，将他带到世间的是一位名叫常玲的中国女医生。

埃森利大使在青藏铁路列车上与工作人员合影。

赛利姆·爱盖2010年来到这个世界，他的中文名字叫"虎子"，这还是中联部三局局长杜燕凌给取的。

在我的职业生涯中，我敬爱的部长瓦哈特·哈莱夫奥卢先生曾教导我：一个好的外交官，不是看他受邀参加了何种高规格的招待会，而是看他在任职国家参加了多少婚礼或葬礼。我和夫人在中国将近五年的时间内，有幸参加了三次婚礼，而其中的两次，我都是受新郎的邀请作为伴郎出席的。

在北京任职期间，受时任中国国家主席胡锦涛的邀请，我参加了汶川地震的纪念仪式。另外，五年间我在中国度过了很多丰富多彩的节日，到很多中国朋友家做客，我从中获得了愉悦，收获了感动。通过这些经历，我感受到中国朋友希望与我分享他们的喜怒哀乐。

同中国朋友间存在的这种深厚友谊，以及中国共产党和中国外交部、商务部及其他部门在我的职业活动中给予的帮助使我终生难忘。在中国，我到访的每个地方，当地政府和人民都热情地接待了我，这份热情至今仍鲜活地留存于我的心中。不久前，2016年6月，为参加两国政治磋商工作组会议，我再次来到北京，毫不夸张地说，我的感觉就如同回归故里。

我由衷地相信，同是发展中国家的中国和土耳其之间有更多可以并肩打造的项目和共同实现的目标。2016年9月的金秋时节，二十国集团（G20）峰会在杭州举行，如同安塔利亚峰会一样，在此次杭州峰会上，两国元首埃尔多安和习近平先生的会见把两国关系提升到一个新的水平。我们的领导人为两国贸易额定下了两个阶段性目标，第一阶段是500亿美元，第二阶段是1000亿美元。这让我想到了中国的一句经典名言："取法于上，仅得为中；取法于中，故为其下。"在此契机下，愿两国关系不仅在贸易上能有所突破，而且在各个领域都能提升到与我们源远流长的关系相称的高度，为此我们将矢志不渝。最后，希望通过人文接触而得以加强的两国关系能为世界和平与稳定作出积极贡献。

祝读者好。

埃夫伦总统和他的中国小孙女

徐鹍(中国前驻伊斯坦布尔总领事)

说到当代中国和土耳其两国的交往史,就不能不想到土耳其首位访华的总统埃夫伦。正是他于1982年12月访华和李先念主席1984年3月访土,开启了两国高层互访的先河,把两国友好关系提升到了新的高度。

1971年8月4日,中华人民共和国和土耳其共和国正式宣布建立外交关系,中土两国关系史掀开了崭新的一页。但建交初期,双方来往不算太多。进入80代,情况有了改变,随着对我国了解的增加以及国际形势的变化,土方感到有同我国进一步发展关系的必要。正是在这一背景下,埃夫伦总统于1982年12月实现了访华。

土耳其位于亚洲最西端的小亚细亚半岛,与我国相距万里之遥,但在历史上彼此却并不陌生,因为土耳其人的根在遥远的东方,公元6世纪时发祥于阿尔泰山地区的突厥人就是他们的直系祖先,"突厥"这一名称最早见诸我国南北朝时期的史书上。突厥人强大后,建立过突厥汗国,活跃于从蒙古到中亚的广大地区。由于互为近邻,突厥人又是游牧民族,"逐水草而居",经常南下抢掠,因而在我国南北朝和隋唐时期,双方曾多次发生战争。但与此同时,彼此间的边贸甚至联姻活动也很频繁,以至于我国古书上曾记载,北周、北齐与突厥争相"结婚姻,遣缯帛"。公元7—8世纪,由于其内部分裂,又受到唐朝和维吾尔先祖铁勒的打击,突厥归于消亡,多数部众逐渐西迁。自公元9世纪始,陆续有突厥部落进入小亚细亚半岛,并于11世纪建立起塞尔柱王朝,统治延续了100多年。公元13世纪末,奥斯曼部落兴起,他们通过武力征服，不仅占领了今土耳其全境，结束了延续千年的拜占庭帝国的统治，而且不断向周围扩张，攻占了欧亚非三大洲的广大地区，建立起声名赫赫的奥斯曼帝国，这便是现代土耳其的前身。虽然距离变得遥远，但中土两个民族间的交往却并未中断。著名的丝绸之路便是双方联系的纽带，伊斯坦布尔的托普卡珀博物馆（相当于我国的故宫博物院）中收藏的上万件中国古瓷就是这方面最好的证明。

埃夫伦总统是从军界走上政坛的。1980年9月12日，他以总参谋长的身份领导军队接管政权，出任国家元首；1982年11月12日，经公民投票当选土耳其共和国第七任总统。担任总统后，他出访的第一个国家便是中国。这绝非偶然，它既是土耳其外交上的需要，也同埃夫伦总统对东方特别是中国的友好和重视有关。

土耳其共和国自1923年成立以来，基本上一直执行面向西方的外交政策，第二次世界大战以后加入北约，更明显倒向美国。但西方各国只将土耳其视为小伙伴，待之并不平等，还动辄以其内政外交上的"问题"为由对之施压，甚至实行制裁，不时引起土朝野的广泛不满。埃夫伦总统上台后在外交政策方面有所调整，在保持亲西方外交政策的同时，强调奉行"平衡多边外交政策"。他在同我国领导人会见时曾说过一段十分形象的话：人的脖子不能老是扭向一边，那样时间一久脖子就会发酸，所以过一段就要把脖子扭过来，向另一边看看才行。因此，他上台后的首次出访选择了东方的中国和印尼，而不是传统的西方，也就不足为奇了。

访华期间，埃夫伦总统同邓小平等我国领导人进行了广泛深入的交谈，双方就进一步发展双边关系进行了讨论，还就世界形势和共同关心的国际问题交换了意见，气氛友好融洽。埃夫伦总统对中国的友好之情溢于言表。他说，土耳其人民对中国人民有着特别友好的感情，对中国更加繁荣和稳定感到高兴。土中两国人民之间有着悠久的历史联系，建交以来关系发展得很好，中土关系将会有广阔的发展前景。

中国执行多边、积极、平衡的外交政策，在世界上有着巨大影响。他希望中国强大，认为中国的强大不仅有利于地区和平，而且有利于世界稳定，对土耳其来说也有重大意义。他还说，超级大国希望保持世界紧张局势，以便他们继续出售军火。发展中国家应加强经济合作，互通有无，以便逐步摆脱少数发达国家的霸权主义。基于这些认识，他对访华极为重视。他强调，作为第一位访华的土耳其国家元首，主动来华进行最高级别的接触，使土中关系的大门完全打开，他感到十分高兴。他还深情地说，他是为进一步发展关系而来，土中友谊之树业已种下，希望今后它能茁壮成长。

陪同埃夫伦总统访华的有十几名土政府高级官员，而且由于总统的夫人已去世多年，他还带着自己的长女谢娜依一同访华。整个访华期间，他们都兴致高昂。在正式的会谈、会见和宴会之余，他们一行还冒着塞外凛冽的寒风，登上冬日的长城，饱览那雄伟壮丽的关山景色；参观规模宏大的故宫博物院，领略那红墙之内中国古代皇宫的非凡气势。

结束了北京的活动之后，他们来到了中国最大的城市上海参观访问。在上海期间，发生了一件始料不及却又十分令人感怀的事——埃夫伦总统认了个中国小孙女。我当时担任土耳其语译员，全程陪同代表团活动，因而见证了这件事的全过程。这位幸运的小姑娘没有想到，她与埃夫伦总统的偶然相遇改变了她的命运，也成就了中土友谊史上一段令人难忘的佳话。

埃夫伦总统非常喜欢孩子。根据中国驻土耳其使馆的建议，上海市外办专门安排总统一行参观上海市少年宫。大概是这位王姓小姑娘英语水平在小伙伴中比较出色，而且长得比较可爱的缘故，少年宫领导专门安排她负责全程贴身陪同总统先生。这位11岁的小姑娘果然不负重托，出色完成了任务。在少年宫参观期间，她一直用她的小手牵着埃夫伦总统，还不时用学到的英语作些简单的介绍。每当遇有门

邓小平宴请埃夫伦总统及其长女，徐鹍（右2）担任翻译。

槛时，她都提醒总统注意脚下，不要绊着。也许是小姑娘的彬彬有礼和体贴入微的态度给总统留下了极为深刻的印象，也许是喜欢孩子的天性使然，埃夫伦总统在少年宫参观时兴致极高。他对孩子们表演的节目赞赏有加，当场表示要学习中国的做法，回国后也要求土耳其有关部门在各地创办少年宫。总统的副官告诉我们，参观结束时，总统还情不自禁地哼起了歌曲，他跟随总统一年多来，还从未见过总统如此高兴。在当晚上海市政府举行的盛大欢迎宴会上，埃夫伦总统发表即席讲话时再次谈到了参观少年宫的观感，他指出：儿童代表着未来，他们是一个民族和国家的希望，一个民族如果能把儿童教育好，这个民族的前途一定光明，他从中国儿童身上看到了中国光明的前景。

肯定是小姑娘给埃夫伦总统留下的印象极为深刻，以至于总统一回到国内，就向我国驻土使馆提出，希望认这位小姑娘为孙女，并资助她来土学习，以便她长大后能为土中友谊大厦添砖加瓦。我国有关部门得知消息后，也为小姑娘感到高兴，同时，他们并没有把此事当作一件简单的私事来处理，而是认为这是埃夫伦总统对中国人民和儿童十分友好的感情的体现，因此对之格外重视。对于小姑娘本人而言，这更是一个喜讯。要知道，在80年代初，出国留学对于中国一般年轻人而言，都是一件极具吸引力却又可望而不可即的事情，更何况被一位外国总统"钦点"，作为其亲属出去留学！这种事平时是想都不敢想的。因此，得知这一消息，小姑娘也高兴坏了，但毕竟她当时年龄尚小，马上赴土学习尚有困难，埃夫伦总统同意待她在中国完成中学学业后再赴土学习。此后，她尽量抑制住兴奋之情，继续在上海的中学学习。为了感谢埃夫伦爷爷的善意和关爱，她一面勤奋学习，一面经常写信向他汇报自己的学习和生活情况。

这中间，我国有关部门还安排小姑娘作为中国少年儿童代表团的一员，应邀参加土耳其的儿童节庆典。当时，埃夫伦总统还把她接到总统府小住几日，她在那里受到埃夫伦总统和谢娜依女士的关怀和照料，生活十分愉快。她还和总统的外孙女阿伊恰成了亲密的朋友，两人形影不离，无话不谈。对于她来说，这也算是一次试当总统孙女的"预演"。来土耳其之前，小姑娘内心还多少有些忐忑不安，毕竟埃夫伦爷爷贵为一国总统，她作为一名普通职工家的小女孩，能够适应得了异国总统府的生活吗？但通过几天的朝夕相处，她的顾虑完全打消了。埃夫伦爷爷就像别的爷爷一样，和蔼、慈祥，对儿孙们，包括她，虽要求严格，却疼爱有加，她完全能够适应。谢娜依妈妈更是一位慈爱的母亲，待她如同对待自己的女儿一样。

90年代初，小姑娘高中毕业，这时的她已从一个活泼可爱的小姑娘长成了亭亭玉立的少女，心智也已成熟，她盼望已久的去土耳其学习的时机终于到来。同埃夫伦爷爷联系之后，通过我国有关部门的安

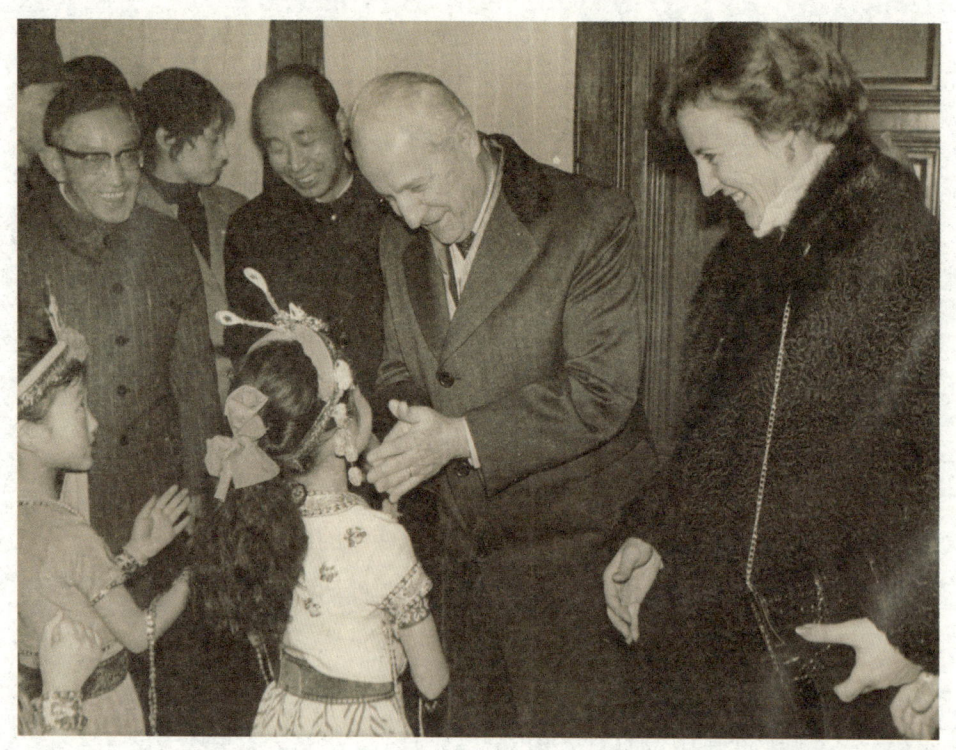

埃夫伦总统来到上海市少年宫,受到孩子们的欢迎。

排,她马上打点行装,告别家人,从亚洲大陆最东端的上海乘飞机来到亚洲最西端的土耳其,来到她思念已久的埃夫伦总统爷爷的身边,开始了她在异国的新生活。尽管离开了祖国,来到了一个新的地方,她却没有太多的顾虑和不安,因为这里有她的新家,有她的埃夫伦爷爷和谢娜依妈妈。她对这里的生活既满怀激动,又充满期待,她希望通过自己的刻苦学习,顺利完成新的学习任务,学到必要的专业知识,以便将来通过自己的工作,可以为发展中土友好关系尽一点绵薄之力。

在埃夫伦总统的安排下,她进入土耳其伊斯坦布尔的海峡大学,成为这所实行英语授课的土耳其著名高等学府的一名学生。学习期间,小姑娘几乎成了埃夫伦总统家的一员，总统一家从学习到生活各方面都给了她无微不至的关怀。甚至，有时总统一家去土耳其南方海边度假，也要把她带在身边，这时，人们向她投来的都是好奇和羡慕的目光。虽然后来她在学校有奖学金可以拿，但每逢节假日，她还是要回到埃夫伦总统和谢娜依妈妈身边，同她的闺蜜阿伊恰一起度过。在那里，她可以享受到别样的家庭温暖。埃夫伦爷爷和谢娜依妈妈还经常勉励她好好学习，以便日后能用自己的知识和力量为祖国的强大和土中关系的发展作出贡献。

在总统一家的悉心照顾和呵护下，她不仅长大了，而且学有所成。这个上海小姑娘本就天资聪慧，加上埃夫伦总统一家对她的悉心照顾，她衣食无忧，心无旁骛，可以专心攻读。通过四年的学习，她不仅专业方面学有专长，而且英语和土耳其语都讲得呱呱叫。从海峡大学经济管理系毕业后，她进入土耳其最大财团属下的一家商贸公司工作，从事对中国和东亚地区的进出口工作。她说，她永远不会忘记埃夫伦总统一家对她这个中国普通小女孩的恩情，有空她经常去看望埃夫伦爷爷和谢娜依妈妈，还有她的小伙伴阿伊恰。当然，她也不会忘记祖国和父母对她的培养，她要用自己的工作为促进两国关系的发展做些事情。

1989年11月，埃夫伦总统任满退休。他离开安卡拉的总统府，来到土耳其西南部旅游胜地博德罗姆海滨的私宅居住，过起了恬静的田园生活。他是位"儒将"，退休后不仅出版了四辑回忆录，闲暇时兴致所至，还不时操起画笔画些油画。由于他画得颇见功底，加上他的名气，其画作在画廊甚为畅销，很受欢迎。

退休不久，埃夫伦便以前总统的名义，作为中国全国政协的客人于1990年5月再度访华。这次，他除了在北京的活动以外，还到了我国南方的桂林、广州、深圳等地，所到之处受到中国人民的热烈欢迎。

记忆篇

1990年5月5日,中共中央总书记江泽民在北京中南海会见来访的土耳其前总统埃夫伦,徐鹍(右2)担任翻译。(供图:中新社)

埃夫伦总统虽已于2015年去世,但他为增进中土友谊所作的重要贡献将与世长存,他培养中国小孙女的动人故事也将永远留存于我们心中。我曾见证了事情的全过程,每每忆及,当时的情景还历历在目,让我难以忘怀。

我在中国的 30 余年岁月
—— 一位研究生、外交官和银行首席代表的故事

诺扬·罗拿（土耳其担保银行上海代表处首席代表）

2 月的北京，春节刚过，处处洋溢着新年的气氛，人们快乐地迎接春天。天仍寒，花未开，北京一片土黄色，灰色的建筑耸立，更添了一份寒意。太阳早早落下，傍晚时分，居民住宅里的灯稀稀拉拉地亮起，使得初来乍到的我感到北京是个有些冷漠又很神秘的地方。我怀着对这个神秘城市、神秘国家的好奇，踏上了中国的土地。

1983 年，刚开始实施对外开放政策不久的中国，大门尚未完全敞开。从西方到中国来，基本上只有一条航线，就是从巴基斯坦的卡拉奇直飞北京。我也一样，先从伊斯坦布尔到卡拉奇，再前往北京。飞机快要起飞时，我发现整个机舱里只有三名乘客。经过 6 个小时的飞行，我终于抵达北京。我在土耳其学习汉语长达四年，毕业后作为公派留学生到中国读研究生，在踏上北京土地的那一刻，我意识到，我的梦终于实现了！

回想从到北京的第一天至今，眨眼间，我已来华 33 年——我在中国的年头比在土耳其还要多。在北京的学习结束后，我又前往武汉大学求学长达三年，经过繁杂的手续，终于拿到了中华人民共和国给土耳其公民颁发的第一个硕士学位！这也是武汉大学历史系第一次给外国人颁发学位。

在华生活的 30 多年，我曾是一个留学生，毕业后担任过外交官，也担任过银行高管。我清晰地记得，1992 年，在担任外交官期间，我参加了由中国国家语言文字工作委员会、国家外国专家局、中国人民对外友好协会、中国国际广播电台、国务院发展研究中心管理世界杂

志社、中央电视台联合举办的"习酒杯首届外国人汉语知识大赛"。该赛事有 6000 余名外国人报名参加,经过了预赛、复赛、淘汰赛等赛程,只剩 18 位选手入围决赛。整场决赛由中央电视台实况转播,近 5 亿人观看了比赛全过程。决赛十分激烈,而我最后脱颖而出,荣获了大赛三等奖。

  在 15 年外交官的生涯中,我积极参与筹备了有利于中土各行业发展的双边协议,并有幸见证了中土两国高层互访——经常以首席翻译的角色,零距离地全程陪同中土两国领导人。30 年后的今天,我还深感外国人学中文是学无止境的,必须天天温故而知新。到 80 年代末,当时的我虽然是在华时间最长的土耳其人,也经历过如上述汉语知识大赛等各种场合,但我仍感到自己中文水平有限。更何况,两国领导人正式会谈的翻译工作具有相当难度,挑战性极大。还记得 1995 年,土耳其总统德米雷尔访华,外交部安排我担任总统翻译。此前,我虽然担任过土耳其几位部长及大国民议会议长、副总理等重要领导人访华时的首席翻译,积累了不少经验,但这次可是土耳其总统 14 年来首次访华,我深感责任重大。我做了充足准备,并圆满地完成了任务!德米雷尔总统访华非常成功,推动了两国双边合作,签署了好几项重要协议,两国领导人明确表示了密切合作的意愿。我的翻译工作也得到了两国领导人的认可。我还记得,江泽民主席在与德米雷尔总统谈到国际经济趋势时,提到股票市场投机行为的危害性,我心里顿时有些发慌,因为当时中国股市刚刚起步,金融与股票市场有关的操作性词汇还未流传开来,尽管我十分关心中国经济、金融发展形势,但直至那一天还未听说过"投机"这个词。正当我翻来覆去地在脑中搜索词汇时,江主席自己说出了"投机"的英文"speculation",我顿时松了一口气,这个词也深深铭记在了我的脑海中。

  1999 年,我离开了外交部,开始担任土耳其担保银行上海代表处首席代表。上海是个充满活力与机遇的城市,在这里,我更能融入中

2009年6月25日,中国国家主席胡锦涛在北京人民大会堂会见来访的土耳其总统居尔,诺扬·罗拿(右1)担任翻译。

国平民百姓的生活。我接触了居委会、区、市政府等各级管理机构,积极参与他们组织的各项社会活动。在居委会的安排下,我为10个年龄6—16岁不等的中国贫困学生提供资助长达10年之久。我还在街道和居委会的组织下,积极参加上海城市建设和精神文明建设方面的各类志愿者工作。上海举办世博会期间,我还担任了外国志愿者团的团长,并且经常拜访养老院、孤儿院、献血中心等社会公益机构。在由全上海市人民投票选举的"迎世博市容环境建设热心市民"评选活动中,我荣获该称号,风风光光地戴上了热心市民的绶带。2005年,上海市政府向我颁发了白玉兰荣誉奖,以此肯定我对上海经济、文化、人文方面作出的杰出贡献。我也因此倍受鼓舞,更热衷于投身上海的各项社会公益活动。经过不懈努力,2012年,我被上海市政府

2012年4月10日,中国国家主席胡锦涛在北京人民大会堂会见来访的土耳其总理埃尔多安。诺扬·罗拿(左1)参加会见。

授予"上海市荣誉市民"称号,这是中国颁发给外国人的最高荣誉之一。据我所知,荣誉市民奖从1999年设立以来,仅授予了30余位外籍人士。荣誉市民奖每年最多被授予两位市民,而有些年份若没有符合资格的候选人,该奖项将空缺,因此这个奖项极为珍贵。同时,中国政府给我颁发了外国人永久居留证——中国的"绿卡"。这是中国政府为了吸引更多外国人才而推出的举措,拥有该居留证的外国人能享有与中国人同等的权利和待遇。

拿到中国"绿卡"后,我更积极地参与各项社会活动。2014年初,上海市妇联通知我,全国妇联将举办"最美家庭"评选,并邀请我参加,我一口答应。但没想到此次比赛分为许多阶段,在第一阶段,我在我的赛区——长宁区,与18位其他候选人争夺前三名的位置,每位选

2012年9月28日，时任上海市市长韩正为诺扬·罗拿颁发"上海市荣誉市民"证章和证书。

手被要求以表演的形式呈现自身创建最美家庭的努力。经过认真准备，我入围三甲，代表长宁区参与上海市范围的比赛。通过演讲、表演等形式，我在来自上海各个区的 40 多位参赛者中脱颖而出，进入了前五名的行列。紧接着，作为上海市的代表，我的材料被报送到了全国妇联。两个月后，上海市妇联通知我：我被选为上海市代表赴北京参加全国"最美家庭"揭晓暨第九届全国五好文明家庭表彰会。因工作需要，表彰会前一周，我回土耳其出差，还顺便做了一次膝盖手术，虽然手术很成功，但我那时仍需借助拐杖行走。我不顾刚做完手术所带来的不便，回中国后立即赶赴北京。到北京时我才被告知，国家副主席李源潮等领导人将出席该表彰会。来自全国各地的代表齐聚人民大会堂，场面甚是壮观。领奖时，我非常幸运地受到李源潮副主席的接见。表彰会结束后，我立马赶回了上海，因为两天后我还得应邀参加国家外国专家局在上海举办的外国专家谏言座谈会并且发言。共有50位来自各国的专家参加了这次座谈会。原定一整天的会议，却被临时通知下午不开会，因为习主席将接见我们！50位专家都很激动，赶紧赶到西郊国宾馆。在工作人员认真周到的安排下，我们排队站好。习主席入场后，与站在前排的专家一一握手，而我就是其中之一。在与习主席握手时，我看到其他专家都没说话，而是由礼宾人员代为介绍，轮到我与主席握手时，我抢先和主席说："习主席，您访问土耳其时，我是土耳其总统的翻译。"习主席听到后，微笑着对我说："有缘啊。"顿时，大家都觉得与主席的距离拉近了不少，倍感亲切。我在中国的30多年中，见过不少领导人，但是，我从未想到在短短一个星期内居然见到了国家主席和副主席。我是土耳其第一个这么幸运的人，甚至有可能是第一个在中国这么幸运的外国人。

  随着逐步融入上海社会，我与上海的各行政部门也开始有了接触。对于以成为国际文明大都市为目标的上海来说，社会秩序的每一个环节都至关重要。市民的生活离不开交通，以及与交通有关的法律条例。在中国，建设物质文明的同时，精神文明的建设也愈显重要。为了提高市民的精神文明水平，上海市在2002年组建了精神文明建设市民巡访团。在政府领导的安排下，我在这中间做了不少工作。在这个共由108人组成的巡访团中，我作为唯一的外国人，是其中的积极分子。我与其他成员一道，对上海的交通、市容、卫生等做了系统研究，并经常以明察暗访的形式对有关单位进行访问。由于参加这些活动，我与交通、卫生、城管等部门有了许多来往，也因此交到了不少交警朋友。我既是一名巡访团成员，又是一个普通司机，所以对上海的交通状况深有体会。在每年一度的上海市服务行业年度评估会议上，我就上海的出租车行业和交通问题作了专题发言，并直言不讳地提出了不少建议和意见。这些建议中，相当一部分已经被交管部门采纳。

诺扬·罗拿在土耳其担保银行为其来华30周年举行的招待会上致辞。

写到这儿，我想起一件有趣的事。刚到上海时，因为工作关系，作为外交官，我的车是领事馆牌照。我把遵守交通法规当作自己的责任，而上海交警对待领事馆牌照的车则比较宽容，因此，在用领事馆牌照的这四年时间里，我没有经历任何违章。放弃外交官身份成为银行高管后，我开始驾驶挂有上海普通牌照的车辆，不变的是，我与以往一样遵守交通法规。在上海天气最怡人的9月的一个晚上，我吃完饭回家，从一条小马路转上大马路，车刚上大马路还没过50米，突然看到两位骑摩托车的交警在我左右行驶，并且闪灯示意我靠边停下。我就按照他们的指示停了下来，脑中在想：是什么原因要让我停下来呢？因为我觉得自己没有任何违章行为啊。两位警察中的一位行驶到我车门边停下，另一位在我车前5米左右停下来。靠近我车门的交警很礼貌地请我出示驾驶执照和行驶证。此前，我听说上海的交警因为语言问题，一般都不会对外国司机深入检查，并且，如果不是严重违章，都比较宽容对待。所以，我动了个小脑筋，先不开口说中文，看看交警的反应。他看了看我的证件，用中文对我说："你刚才出来的那条小马路是单行道，你违章了。"其实，我在用领事馆车辆时经常这样走，从未被拦截，所以我一直以为这条路不是单行道。但此时不同了，我用的是普通车牌。我听到他的解释后，可能有了些表情反应，但嘴里一直"啊啊啊啊"着。其实，听他解释后我心里已经明白，确实违章了。这时，停在前面的那位交警走过来跟他的同事着急地说："走吧走吧，这个外国人又不懂中文，别和他浪费时间了。"我听后窃喜，以为可以解围了。没想到，我车门边的那位警察却说："这个外国人前天晚上在电视上的谈话节目中讲了近一个小时的中文，我们全家都看了，不能放他走。"我听了后，只能暗自庆幸这是晚上，因为我不希望警察看到我涨红的脸。之后他接着说："我要扣你的车。"我顿时紧张起来，继续"嗯嗯啊啊"。警察看到我脸色变来变去，终于可怜我了，于是他说："你肯定懂中文吧。"这时，我却不受控制地说："一点，一点。"听到这里，他微笑着说："不是一点一点，你会说很多很多。"之后，他把我的驾驶执照和行驶证还给了我，说："你刚才违章了，本应罚款扣车，但我知道你不是故意的，所以今天放你走，但下次可不能逆行了。"听他这么一说，我也不"演戏"了，用标准的上海话对他表示感谢，心里在想：这回知道了，以后再也不会逆行了。

这件小事说明，我现在已经成了真正的上海普通市民了。这样挺好！

（本文系作者用中文写成）

重拾那些难忘的记忆

曹轶群（中国国际广播电台土耳其语广播部记者、翻译）

土耳其诗人哈希姆（Ahmet Haşim，1884—1933）说过："茶，只能倒在中国的茶碗里喝。"另一名土耳其诗人、曾在中国逗留数月并创作了多首与北京和上海有关诗作的希克梅特（Nazım Hikmet，1902—1963）也曾写道：如果说我心的一半在这里，那么，另外一半已经留在了中国。他们是如此地热爱中国，读起来是不是很感人？当然，这些美妙动人的诗句我都是在上了大学和工作以后才知道的。

30年前考大学时，我鬼使神差地选择了英语、土耳其语双语专业作为自己的第一志愿。通过五年的学习，我对曾经拥有过辉煌历史的土耳其这个国家有了一些基本了解，而随着工作经历的不断丰富、对土耳其了解的增加，我也慢慢喜欢上了这个同样拥有悠久历史和灿烂文化的国家，以及那些乐观、懂得如何从生活中获得快乐的"土人"们（学过土耳其语或者去过土耳其的中国人对土国人民的统称）。

"你是Jackie Chan的姐姐吗？"

20世纪90年代，在土耳其学习和工作的中国人不多，而土耳其人对中国的了解也完全不够。这是我踏上这个国家的土地后才感受到的，因为有时我们甚至会被问到："中国人还穿蓝色制服吗？""中国女子还缠小脚吗？"等等。

第一次去土耳其，是在工作后于1991年以访问学者的身份去安卡拉大学进修土耳其语言和文学。使馆帮助包括我在内的进修人员在

2000年，赛维姆老师在著名的加拉塔塔宴请她的中国学生。（左1为曹轶群）

郊区Dikmen（如今这里已经是繁华之所）一个小山坡租了两套房子。因为偏僻，前往市中心的交通相当不便。尤其去后不久就赶上冬天下大雪，积雪没过小腿肚，半天都难得来一辆中巴车，来的也总是满满的，挤不上去，因此，上学迟到的概率很高；当然，从市中心回住所也总是不容易。有一天，回到住地附近已是天黑，瞬间脑子短路找不到回家的路，又不像现在可以导航，正着急时，碰到了两个中学生模样的当地男孩，才算问到了回家的路。

第二天是周末，突然听到敲门，还以为是同去进修的中国朋友呢，结果打开门一看，居然是那两个男孩，其中一个的手里还有一束花！这让我有点吃惊。那时的中国还不太时兴送花，我还小小尴尬了一下，然后还是按照当地习惯接受了。在客厅里，两个男孩开始傻傻地坐着也不说话，只是审视着我的脸。其中一个一开口便说我是他们认识的第一个中国人，问我中国什么样、我为什么要学土语，等等。接下来又是沉默,然后他们突然起身说要走了,临走时表示希望还能再见到我。非常可爱、纯洁的两个孩子!

当我作为中国国际广播电台驻土记者再次来到安卡拉,已经是十年以后的事了。安卡拉的空气更清新了,原来明显的燃煤味已经闻不到,据说是治理的结果。记者站对面是三个库尔德兄弟开的一家私营公司,雇有五个司机和三个保安,我结识了其中一个叫侯赛因的一家。侯赛因有个侄子名字好像叫杜尔松(Dursun),当我第一次见到他时,他说的第一句话就是:"你是Jackie Chan(成龙)的姐姐吗?"看着那双晶亮亮的、充满期望的眼睛,我笑着点了点头。小孩非常开心,拉着我的手又问:"那姐姐,你会功夫吗,能不能教我呢?"这个倒是难不倒我,好歹我在大学时曾是学校武术协会的,学过太极、简易防身术等,于是立即装模作样展示了几个招式。这让小朋友佩服得五体投地,站在我身后练了十几分钟。这下,连他的父母都被震住了,问我:中国人是否都会功夫?就这样,我和他们一家都认识了,在日常生活中,他们一家给了我许多帮助,使我至今都难以忘怀。

驻站的第二年,一次应邀到安卡拉一所私立小学参加一个互动节目,向学生们介绍中国。事先,我准备了一些小礼物,比如筷子、书签、真丝扇子、明信片等。当我站上学校礼堂的主席台、面对全校师生时,心里多少还是有点紧张。学生们在听了简单介绍后,问了好些问题,我记得有"中国人不用刀叉吗?筷子怎么用?""古代中国人为什么要修长城?"等等。我一一作了解答,并邀请学生上台练习筷子的用法,还告诉女孩子们筷子可以当发卡用。活动在笑声中结束。

中土建交以来,两国关系的发展并不总是一帆风顺,不过总体而言,随着时代的发展和双方交往的增多,我感觉土人对中国的了解也在与日俱增。他们已经不仅仅知道长城是因为防匈奴而修建的、中国有功夫影星成龙,还更知道中国的经济飞速发展,中国有导弹、有高铁。随着中国国力的不断增强及双方交往的日益频繁,中土友好的观念正逐渐深入人心。现如今，土国工商业者都非常希望发展与中国的经贸往来，希望能够共享中国改革发展的"红利"；尤其是土耳其的普通老百姓，对中国普遍还是很友好的，对此我有特别的感受。我在土生活的日子里，就碰到过许多感人的故事。

首先就来说说我们上大学时的土耳其老师。上世纪80年代末，我们请了来自安卡拉大学史地文学院中文系的普拉特教授（Pulat Otkan，1942—2014）作为外教，来到北京外国语学院协助创办土耳其语专业。教授是一个非常儒雅的人，毕生致力于中土文化交流，他对中国南北朝、十六国和拓跋魏时期的经济和社会问题颇有研究，著有《中国古代史分期问题》《世界汉学研究简史》等，还将中国史书《史记》《汉书》《晋书》《魏书》《唐书》中的一些传记以及鲁迅的小说介绍到了土耳其。请他做我们的外教是非常合适的，但对他而言，在专业创办之初各种困难可想而知，生活的不便还在其次，学生连教材都没有，这让教授很是着急。于是，他夜以继日，亲自操刀，编写有针对性的教材，再由我送去学校刻写蜡纸，然后送印。就这样，我和他接触的机会多了起来，他对工作认真负责、一丝不苟的精神给我留下了深刻的印象。由于把家人都带到了中国，他还经常有意识地邀请我们同学去他家做客，鼓励我们多与土耳其人交流。到后来，他还劝说夫人给我们上口语课，让我们体验纯正的伊斯坦布尔音。他们夫妇为了教好我们这批学生，付出了很多精力，也为北外土耳其语专业奠定了扎实的基础。恩师的形象一直在我心中，毕业后凡有机会去土耳其，我都要去拜访教授夫妇。后来，当他们知道我有了儿子时，非常开心，说"我们有个中国小孙孙了"，还送了一枚戒指并叮嘱我一定为儿子保留好。只可惜，我热爱的教授已经驾鹤西去，回忆往事，不胜唏嘘。

1999年，我和另外一名同事被选派前往土耳其国际广播电台（TSR）进修播音。这是两台间人员交流项目的首次执行，受到了双方的高度重视。TSR从台长到普通工作人员都给予了我们各种关照,他们选派了前资深电视播音员赛维姆(Sevim Canbaz)为我们俩上课,时间雷打不动地从早9点到晚5点。老师非常认真,不仅给我们传输理论知识,还不断地让我们亲手实践。为了调动我们的积极性,她隔三岔五地带来小礼品,让我们俩结合授课内容比赛,获胜者有奖。而台里有关领导也经常把我们叫去,询问我们的学习情况。知道我们住的招待所条件有限,有个领导还把办公室的钥匙给了我们一把,让我们在下班时间可以自由进出办公室,在这里看电视或者给国内的家里打电话报平安。当我们三个月学习期满时,TSR又举办了一个隆重的仪式祝贺和表彰我们,并且派赛维姆老师陪同我们前往伊斯坦布尔参观。老师体形又高又胖,但她每天都是笑呵呵地陪着我们,最多在累得不行的时候才歇会儿。分别的时候,她把我们几天里所有的留影都整理成册送给了我们,而且在每张上都留了言,写下了对我们深深的爱。几个月前,我出差去土耳其,在安卡拉只逗留一晚上。为了看望老师,我愣是在临走前的早晨6点坐出租赶到她家。当我敲开她家的门时,她喜出望外,拉着我的手不放。我们聊了一个小时,虽然不尽兴,但也算了却了一点对彼此的深深思念。老师对我说,我任何时间都可以敲她家的门,随时都欢迎我。我也在此祝愿老师平安健康!

幸福感超高的土耳其民众

如今在中国,很多人崇尚"慢生活",据说,这是一种健康的生活态度,因而与"乐活""环保"等生活概念一道炙手可热。而在土耳其,普通民众似乎一直以来就以这种心态生活着,而他们的幸福感似乎也很高。

土耳其人大多信奉伊斯兰教,相信他们所拥有的一切都因了安拉。

曹轶群的儿子在阿里医生家。

如果富有,他们感谢安拉;如果贫穷或者困难,他们忍受而不是愤恨,然后在现有条件下快乐生活。

在土工作期间,我曾经在海滨城市安塔利亚见识过各式豪华酒店,那里是世界各地游客尤其是俄罗斯有钱人的首选。酒店通常拥有各式各样的游泳池,供不愿下到专属海滩游泳的住客使用;自助餐是如此丰盛,以至于一个人一顿是绝对不可能品尝完的,红酒随时供应而且是免费无限量的。当有钱人在这里纸醉金迷时,我常想,普通老百姓又怎样寻找快乐呢?我的一个土耳其朋友就提供了一次让我了解的机会。

我的土耳其朋友叫阿里,是名医生,在伊斯坦布尔有一家小诊所,生活算是小康有余。阿里喜欢坐着游艇游博斯普鲁斯海峡,于是尽其所能买了一艘起步级游艇,没有任何豪华设施,简单之极,不过他们也是乐在其中。记得是 2004 年吧,儿子和他爸趁着寒假来看我,到

街边的擦鞋摊

了伊斯坦布尔,阿里一定要请我们乘游艇来一次海峡游。正好我们也有此意,于是痛快地答应了邀请。阿里带我们去超市买了许多小吃,还买了一打啤酒!要知道,当时可是数九寒天呀。上了游艇,果然是一个冷呀,手都快冻成胡萝卜了,不过阿里还是坚持让我们喝啤酒,还教我儿子驾驶游艇。尽管寒冷,但阿里有趣的讲解和热情的笑脸感染了我们仨,两个小时下来倒也不觉得累。海峡游结束,阿里又把我们带到了海峡边的一家餐厅,在那里,他的妻子已经等候多时。海峡边灯光璀璨,两家边吃边聊,不知不觉,又共同度过了两个多小时。阿里还不"放过"我们,一定要带我们回家坐坐。在他的公寓里,他拉着我儿子又唱又跳,还为我们弹奏了土耳其民间乐曲。就这样,我们度过了难忘的一天。如今,我的儿子已经长大,但脑子里关于阿里叔叔的记忆依然新鲜一如昨日。

前面我提到过的保安侯赛因,也是一个幸福感超高的小伙。他个

伊斯坦布尔市中心的冰淇淋店

子不高,短小精悍,从来也不知道发愁似的。我在记者站工作的时候,他有一天找我说:"姐姐,我想买一辆二手车,可是我钱不够,你能不能借我点?"鉴于他曾帮我不少忙,我借给他 300 美元。当时他的工资也就 500 多点,我还是有点怀疑他的偿还能力,心里作好了有去无回的打算。侯赛因隔几天开了一辆二手捷达来上班,上晚班的时候还在公司认认真真地洗车。用这个车,他拉着老母亲、妻子、哥哥等回老家探亲、出去逛街。简单的茶水、面包、沙拉、黄油,就足以让他们在公园里消磨一天的时光。

侯赛因一家是个大家庭,有两个哥哥、一个姐姐,彼此来往非常多。而见面时,家庭礼仪保持得相当好。对长辈的吻手礼、对同辈的吻脸颊礼都严格地得到了遵循,没有丝毫马虎;对晚辈的关爱也是溢于言表的,和婴儿、小孩也有交流,而且是以他们的口吻,比如"我的好妈妈,你在笑吗?"每次去侯赛因家,总是能感受到一股暖暖的温馨。

  侯赛因可以说是土耳其人中慢生活、高幸福感的代表，他们根据自己的能力来寻找幸福。在公路边的草坪上，你可以看到停车下来围坐在一起煮茶、喝茶的一家人；在博物馆的院子里，你可以看到怀抱吉他吟唱的年轻人；在伊斯坦布尔市的"平民海滩"，你可以看到没有条件去地中海边但依然津津有味地度过快乐时光的市民；在各个公园，你可以看到享受闲情逸致的各个年龄段的人们……

  总的来说，土耳其人是个热爱生活、知道生活真谛的民族。我觉得，他们对待生活的态度，很值得许许多多正在风风火火与生活作斗争的中国人借鉴。

关于土中友好的点滴回忆

乐万·古文其（土耳其驻华使馆前商务参赞）

李雅慧 译；徐 鹍 校

我来到中国北京已将近20年了。老友徐鹍来电，说他正在主编一本关于中土友谊的书，希望我也能写点东西，我当即毫不犹豫地答应了。是呀，这么多年过去了，特别是在中国，哪能没有一点这方面的美好回忆呢？

首先，我想说的一点是，我们都以土耳其人热情好客而自夸。但在北京生活不久后我就注意到，这种优秀品质不只为我们所独有，它是东方文化的一部分，是亚洲人民的共同特点。

我要特别强调，友善又热情的中国朋友不仅好客，而且非常乐于助人。尤其在我刚来中国还不会说汉语的时候，以及后来刚开始学习汉语的阶段，无论何时何地，只要我有需要，都会有人伸出援手，他们会时不时帮我买些家用；当我生病了，也会推荐医院，有时甚至会陪我一同前往以助我早日康复……这样的朋友实在是太多太多了，简直不胜枚举。

能与你同甘的朋友很多，但能与你共苦的朋友才更为可贵。来北京的这些年间，我失去了很多亲人，我的兄长（也是我唯一的兄弟）和舅父相继去世，父亲也在10年前驾鹤西去。在此期间我分清了那些真正的朋友，那些在我悲伤的日子里与我分担痛苦的中国朋友们令我终生难忘。

1999年8月17日清晨，我正准备赴辽宁葫芦岛参加活动，突然在网上看到了土耳其格尔居克地震的消息，但最初并没有太多关于震级和伤亡情况的报道。中午，我给土耳其的亲人打电话，他们还在睡

在北京致承中国文化中心,乐万·古文其看到中国书法家用中文写出了他的名字,抱拳表示感谢。

觉,并不知道发生地震了。我就这样坐上火车出发去葫芦岛,当大家得知我是土耳其人后,不论是中国人还是受邀的其他国家大使馆的代表,都纷纷表达了关心和慰问。那时我才知道,这次地震已经导致上千人死亡。第二天,葫芦岛当地报纸对土耳其地震进行了大版面的报道,这令我十分惊讶。地震的消息令人悲痛不已,而远在数千里外的中国人民能对我们的忧伤感同身受,着实令人感动。

依然是很多年前的事了。2000年欧洲足球锦标赛决赛时,中国人把土耳其看作"决赛中唯一的亚洲国家",为我们加油助威。由此可见两国人民的友谊一方面也是源于大家同为亚洲国家吧。2001年,我和中国朋友们一起观看了2008年夏季奥运会举办城市的揭晓仪式,当时伊斯坦布尔也是候选城市之一。当萨马兰奇宣布北京赢得主办权时,我向他们表示祝贺,中国朋友们也安慰我不要气馁。

乐万·古文其（左3）与参加2007年北京国际飞镖联赛春季锦标赛的"镖友队"成员合影。

刚到北京时，土耳其驻华使馆有位做通信技术工作的通恰伊先生（已故），在他的影响下，工作之余我开始玩起了飞镖。我们队加入了北京国际飞镖联盟，第二个赛季我还被选为队长。后来，我也参加过各种各样的小组，做过队长，赢过个人赛，还得过团体总冠军。我加入的第一个小组主要是由土耳其驻华大使馆工作人员和家属组成的，后来我又和中国朋友以及世界各地的外国友人一起组过队。我们一同娱乐，享受着飞镖游戏带来的快乐和悲伤。在我的记忆里，这些社交活动非常有益于培养和增进友谊。

对于幸福或痛苦的经历，人们往往难以忘怀，而有些经历只有当你再次遇到相似的场景时才会回忆起。所以，我现在写下的也只是回忆里的一小部分。即使一时想不起来、到时候就会再次涌现的记忆，也是人生的一种宝贵财富。我相信，在中国生活留下的回忆

乐万·古文其在2005年的飞镖比赛中。

会不断地增多,在未来的日子里,我也会结交更多新朋友,彼此帮助,共同创造和分享或苦或甜的回忆,我的人生也会更加丰富多彩。

记我在土耳其工作生活的点点滴滴

王修平(中国远洋海运土耳其公司总经理)

我叫王修平,在中国远洋海运集团的船舶上工作了15年。Xiuping Wang 同 Shipping Wang 的发音有点相近,因而不少时候我被老外戏称为"船王"。我还有15年从事中海集运总部管理工作的经历,虽然以前去过几十个国家,可唯独没有到过土耳其。2013年底,当得知将被派往土耳其工作5—6年时,我的心情非常复杂。我知道中国和土耳其是两个因丝绸和陶瓷结缘的文明古国,自1971年建交以来,两国建立了深厚、友好、密切的合作关系。但除此之外,那时我对土耳其的了解就少之又少了。2014年1月13日,当我来到具有东西方文化交融特点且素有"世界之都"美称的三朝古都伊斯坦布尔时,真是感慨万千。要知道,伊市经济总量高于世界117个国家,4小时飞机航程内可直达近60个国家,整个城市充满活力。而在短短的两年时间内,真正促使我彻底改变当初对土耳其的认识的,还是我和我的土耳其员工之间建立的深厚友谊。

立足本土,业务蓬勃发展

土耳其地理位置特殊,历史积淀深厚,文化宗教背景复杂,外来者要立稳足根绝对不是一件容易的事情。企业"走出去"发展,最怕"水土不服",我认为根治良方就是应该将企业发展与当地社会经济发展紧密融合。公司刚成立那会儿,中海土耳其公司在当地的网点少、业务少、人手更少,可以说只有"十几个人,七八条枪"。回忆起自己

2015年12月,中国国务院发展研究中心李伟主任(中)到中国远洋海运土耳其公司调研,中国驻土耳其大使郁红阳(右)和王修平总经理陪同。

刚来时,已经做好了应对各种困难的准备,但我最担心的问题,还是"水土不服"。

中海土耳其公司从成立之初就坚定贯彻执行中国远洋海运集团领导确定的"本土化"发展战略,除总经理和财务经理由中方派遣外,其余全部招聘当地员工。这样不仅能更直接、更深入地理解当地客户的需求,还会推动公司在理念和文化上不断与当地融合,从而可以促进公司品牌影响力在当地的扩展。2015年12月,中国国务院发展研究中心李伟主任带队到公司调研;2016年5月间,中国商务部副部长钱克明、驻土耳其大使郁红阳和大使馆经商参赞朱光耀、驻伊坦布尔总领事顾景奇先后来公司视察,他们看到公司欣欣向荣,中国管理层与土耳其员工精神饱满、关系融洽,并且取得了令业界羡慕的骄人成

2016年5月,中国商务部副部长钱克明(前排中)来到中国远洋海运土耳其公司视察,与中外员工合影。

绩,都对此表示肯定和鼓励。钱克明副部长与员工座谈后发表讲话,他说:中国海运土耳其公司在国际化经营、规范管理、企业文化建设、促进两国人民民心相通等方面是中资企业在土耳其发展的典范,已经形成了"走得出来、站得住脚、扎得下根"的良性循环,中国海运为推动中土两国双边贸易和友谊起到了良好作用。

正如大家所知,中国国家主席习近平提出的"一带一路"倡议和土耳其总统埃尔多安提出的"中间走廊"计划不谋而合,这就给我们企业在土耳其的发展带来了很好的机遇。在"一带一路"战略思想指引下,中国海运加快"走出去"步伐,加大对土耳其市场的投入。仅在2015年,中国海运土耳其公司就在梅尔辛、伊兹密尔、伊斯肯德伦、布尔萨等港口城市开设了2个分公司和2个办事处,并搬迁启用伊斯坦布尔总部办公室。

2015年，有一件事情让我对公司的土耳其员工刮目相看，从而也对土耳其人民产生了深深的敬意。我们公司高管经常要到梅尔辛和伊兹密尔分公司检查指导工作，为了避开上班高峰，我们需要凌晨4点起来赶往机场，搭乘早晨头班的航班飞往梅尔辛，保证当天上午8点半以前赶到那里，以便立即开始拜访客户等项工作；而当晚又要赶到伊兹密尔，为的是第二天一上班便可以开始公司的工作，当晚再赶回伊斯坦布尔总部。这样，通常要在两天的时间内跑完三个城市。对此，中方的高管人员早已习以为常，但我担心土方人员一下子难以适应，可谁知他们却不管早晚，按时按点，从来没有怨言。我非常敬佩我的土耳其高管团队，他们也从心底里认同我这个中国董事总经理的管理方式、沟通技巧、果断作风、解决问题的能力和充满激情的工作干劲，尤其是为我的一举一动中体现出的对土耳其人民的尊重所感动。

独特的企业文化吸引了当地人才

土耳其拥有悠久的历史和文化传统，我们在尊重当地文化的基础上，通过加强管理、开拓创新，形成了公司独特的"敬业、创新、和谐"的企业文化，其中"和谐"更多地是指与土耳其员工之间的关系。我们公司的高管和当地员工之间增进了理解和友谊，也激发了当地员工的工作能力和创新意识。公司注重本土化的管理模式在土耳其业界赢得了良好的口碑，吸引了许多土耳其航运和物流界的精英来公司工作。

有一件事颇能印证中海土耳其公司本土化战略的成效：2014年，公司要通过社会招聘录用部分市场营销及操作人员。消息一出，短时间内就收到了3000多份应聘简历，公司受青睐的程度可见一斑。

努里·库杜（Nuri Kuduğ）先生原是我们VIP客户公司里的高

王修平与努里·库杜（左2）一家合影。

级管理人员，硕士研究生，精通四国语言，具有丰富的市场和管理经验。他被我们一次又一次的真诚拜访、提供的优质服务所感动，也欣赏中国人民的勤奋和友好，便开始研究我的点点滴滴。因为我从2004年开始担任中海集运的监事会监事，他可很方便地从网上查看我的公开资料。后来才知道，他当时还找到了在上海担任DHL大中华区副总经理多年的土耳其同学，研究中国文化和中国人民的各种情况。他发现我的生肖是龙，而他也属龙。逐渐地，我开始被他接受，到后来我们更是互相尊重、彼此信任。在对中国海运公司的过去和未来以及对我这个公司老板进行一番仔细研究后，他看到了中国公司与其他公司的不同之处，那就是他能够得到最大程度的尊重和授权，而彼此的信任是花钱买不到的，因此他毅然决然地辞去某集团的高薪职务，于2014年10月1日加入中国海运集团。当时，这在业界还引起了不小的轰动。

努里先生勤劳肯干，在与中方管理层一起工作、学习、交流中，他发现中国领导包容、务实，充分信任和授权，不光布置工作，还分享管理经验，中国人讲信誉、重感情，凡是承诺过的事情就会兑现。例如，我们2014年2月28日第一家分公司开业时，我想三个月干成一件事，结果5月28日伊兹密尔分公司开业，8月28日伊斯坦布尔总部乔迁，10月28日伊斯肯德伦代表处开业，12月28日布尔萨代表处开业。这一连串的成功，让他看到了我是"言必信，行必果"，而共同的奋斗也让我们彼此建立了更加深厚的友谊。如今，他已经成长为我们公司的总经理助理，协助总经理负责我们整个土耳其市场的销售和管理工作。同时，他还竭力从不同的公司挖掘并推荐了既懂市场又懂管理，为公司发展作出杰出贡献的公司操作部总经理、客户服务部副总经理、市场营销部总经理助理、梅尔辛分公司副总经理、梅尔辛分公司市场部经理、伊兹密尔分公司总经理助理、伊兹密尔分公司操作部经理等好多位优秀的专业骨干来公司工作。加入中海土耳其公司的所有土耳其员工都充满激情，他们都因认同我公司的文化和发展愿景而和我们走到了一起。2016年，随着中国海运和中国远洋两大航运巨头的合并，新公司"中国远洋海运"（COSCO SHIPPING）的集装箱运输排名世界第四；散货、油轮和特种设备运输排名世界第一；港口和码头投资与经营排名世界第二。这意味着我们的业务还会有更大的发展，展望未来，我们的团队充满信心。

努里先生为在中国海运公司工作而自豪，一家人都喜欢中文和中国菜，他还向公司总经理助理施伟先生学做中国菜。更有趣的是，他给自己的孩子也取了中文名字。为了表示对中土友谊的见证，他与爱人商量，要把中土之间的友谊用刺青方式来永远保存。于是，他将女儿的中文名字"爱斯吉"刺在了自己的右臂上。一天，他兴冲冲让我帮忙给他儿子也取个中文名字，我欣然同意，没想到过几天他又把儿

王修平（左4）代表中国企业参加2014年第三届土耳其特拉布松丝绸之路商人峰会。

子的中文名字"爱米尔·爱发"刺在了自己的左臂上。看着他刺完后红肿的手臂，我被深深地感动了，而他却兴高采烈地向我展示他的双臂。此时，我心中油然升起对土耳其人民的爱意。我调侃地问他，如果再生一个孩子，名字刺在哪里呢？

2016年，中国国际在线记者邬凡先生和国际广播电台汤剑昆先生到公司采访，努里先生和操作部总经理杰汉都感慨地对记者说："包括王修平董事总经理在内的几名中方管理人员都非常尊重我们的文化，我们工作得都非常开心。公司有非常团结的氛围，在这种友好的工作环境下，公司也取得了很好的发展。最近几年我们应该是土耳其海运界发展最快的公司，现在我们已经成为业界的领头羊。公司的企业文化和发展前景是吸引我们来就职的重要原因，今后，我们会以更加饱满的热情投入公司的发展中去！"

关心员工生活,增强企业凝聚力

为了和土耳其员工和谐相处,我来土耳其后不断探索尊重中土两国文化差异,以不同方式进行文化融合,营造友好共事的宽松环境,以不断增强企业适应力、向心力、凝聚力和战斗力。公司在管理上特别注意尊重当地员工的风俗习惯和宗教信仰,来土耳其之前,我对斋月仅有一些很表面的理解:斋月在阿拉伯语中叫"Ramadan",土耳其语叫"Ramazan",是穆斯林最神圣的月份。在这一个月里,每天大概从凌晨3点半到晚上8点半的约17个小时的"封斋"期间,禁止饮食。斋月里,人们要多做善事和向穷人施舍,因为这个月被看作神圣的月份,每个人都要注意自己的道德表现。当你不确定对方是否封斋时,可以问一句"Niyetli misiniz(你把斋吗)",如果对方回答"evet(是的)",那么就不要邀请他与你共享美食。

经过学习和研究后,在新办公室装修设计时,为了能够让员工自由地进行宗教活动,我就在公司内部为员工开辟了专门的礼拜区。在穆斯林斋月期间,我会用电话、邮件方式问候,并赞美斋月的洁白和神圣,给封斋的员工以精神支持。

此外,为每位员工庆祝生日也已成为公司的常态。2017年3月,有一个星期公司内部甚至要吃两三次生日蛋糕,这对不能吃太多甜品的我来说还真有点负担,但看着大家喜悦的面孔,我也乐在心里。同样,土耳其员工也会为中方人员举行生日聚会,4月28日,总经理助理施伟就以这种方式过了一个愉快的生日。每年3月8日国际妇女节,我们在给每个女雇员送上玫瑰花的同时,男雇员也一定会有一份巧克力,因为我考虑到他们家也有妈妈或太太。这一举动温暖了每一位员工,当她们手拿玫瑰花乘车回家,人们投来羡慕的目光时,员工们就会骄傲地说:我们是中国远洋海运的。

中国远洋海运土耳其公司新团队。

我采取了各种方式增强与员工之间的交流，包括让员工给我写信，提出合理化建议。2014年下半年，我倡议周末下班前大家小小聚会一下，当时就引起了全体员工的共鸣。公司前台小姐马上负责统计：下班前各人喜欢喝一杯什么饮料、吃一样什么小点心……办公区立马热闹非凡，有的人要红牛，有的要啤酒，有的要薯片，有的要水果，大家各取所需，就这样开始了我们的"开心星期五"。此后每个星期五，公司中方管理人员和当地雇员都会聚在一起举行"Happy Friday"茶话会活动，这种做法一直延续至今。2016年5月27日的"Happy Friday"正好又是财务部奥斯曼（Osman Karatas）先生的生日，中方管理层与土耳其员工在一起开怀畅叙，互相拥抱，其乐融融。来公司办理换单业务的外单位人士在业务窗口看到后，纷纷竖起大拇指，到访公司的电建国际土耳其总经理阿迪拉还和我们一起切了生日蛋糕。

现在，越来越多的土耳其员工开始学习中文。当听到IT主管伏尔康（Mehmet Volkan Yurtseven）先生一声"王总您好"的问候时，我倍感别样的温馨和亲切。

由于土耳其员工与中方经理人员和谐相处、通力合作，公司业务实现强劲增长。2015年，公司实现营业收入和利润总额分别同比增长122%和182%。在揽取冷藏箱等高附加值货物方面，在2014年较2013年翻了24倍的基础上，再同比增长175%。同一年内，总公司经营并直接挂靠土耳其的ABX航线从5600标准箱的船升级到9400标准箱的船，GEM航线从4250标准箱升级到5600再到6500标准箱。中远海运集运的领导认为，这样大手笔的投入彰显了中国海运的实力和总公司对践行国家战略的积极态度。同时，他们充分肯定了土耳其员工在努力开拓市场、服务客户、扩大公司业务方面所作的贡献。而我以为，近年来公司业务迅猛发展，与我们有一批综合业务素质强而且对公司远洋海运事业高度忠诚的优秀外籍员工也是分不开的。

"一带一路"需要互联互通，其中的"五通"包括政策沟通、设施联通、贸易畅通、资金融通、民心相通。集团领导在总结分析土耳其公司的发展情况时，纷纷感慨：坚持本土化发展、根植于当地社会的成功实践证明，民心相通是企业在当地可持续发展的基本条件。

出门靠朋友

程海燕（土耳其中东技术大学孔子学院对外汉语教师）

俗话说，在家靠父母，出门靠朋友。远离故土来土耳其工作，我真切地感受到中国这句俗语是多么经典。在这里，我们所遇到的几乎一切困难、一切不便，都有土耳其朋友们来帮助我们，无论认识或不认识。其中有的故事我永远不会忘记。

学生带给我的家庭温暖

伊思丝是我班上的学生。有天学习"你从哪儿来"这一课时，每个人都说了自己来自土耳其的哪个省哪个市。看到同学们来自四面八方，我来了兴致，就开玩笑说，你们的家乡我都没有去过，真羡慕你们，我很渴望到那些地方去看看呢。谁知大家都认真了，许多同学下课后特意留下来跟我说，要邀请我去玩。伊思丝是最诚恳的一个，她家在伊斯坦布尔。她告诉我，如果提前买机票，票价很便宜，而且她说，她已经跟她妈妈说好了，她妈妈非常欢迎我。思丝真是个有心又细心的人，原来早在我开这个玩笑之前，她就把一切细节都为我考虑好了。想到我在调查学生们为什么选修中文的时候，思丝就告诉我，她妈妈特别喜欢中国，尤其喜欢中国茶，我就更加相信思丝和她妈妈的邀请是真诚的。新年快到了，伊思丝计划利用新年假期回伊斯坦布尔，她邀请我就利用这个机会和她一起去。到这样的家庭过元旦，一定会是一次美好的团聚，这对于远离家乡孤身在外的我，是多么值得期待啊。于是，我愉快地接受了邀请。

这是2016年新年前夕，就在我们准备停当将要出发的当晚，伊斯坦布尔开始下大雪，以致我们当晚的飞机延误了近3个小时，本应9点到达伊斯坦布尔，最后折腾到凌晨2点才到思丝家。思丝妈妈和家里的小狗Alice都还在等我们，他们用各自不同的尖叫迎接我。思丝家不大的房子一下子热闹起来，我由内到外也立刻觉得温暖起来，早已把外面的大雪置之脑后。思丝妈妈优雅、漂亮，笑声爽朗，我一眼就爱上了这个可爱的妈妈。

这是一栋带着一个小院子的4层小楼，伊思丝家在顶楼，复式，楼下有一间主卧、一个厨房和一个客厅，她妈妈住楼下，思丝和她弟弟住楼上。家里布置得非常温馨，有各种土耳其特色的小摆件以及家庭合影。来之前，我听说思丝爸爸和妈妈离婚了。思丝还有一个弟弟，虽然在伊斯坦布尔上大学，但比较独立，一直住在学校，很少回家。她妈妈是一个小学老师，因为下雪，学校放假了，本来她很想邀请我去见见她的学生。她说，学生们一定会喜欢我。同时，她还做着家教，家里放着一块白板及各种教具。可以看出，这并不是一个生活十分优裕的家庭，然而她们却毫不犹豫地接待了我，把快乐带给我，也许无意中也在期待着我给她们带来快乐。

吃完宵夜准备睡觉，思丝妈妈一定要把自己楼下的主卧让给我睡，我感觉这实在于理不合，坚持睡在了楼上的客房。楼上暖气不太好，思丝就把插电的电暖气给我用，她自己睡在了楼下的沙发上。

第二天，雪仍然下得很大，纷纷扬扬地，一会儿窗外就全白了。因为抱着旅游的心态，总是想着雪小一点就出门逛逛，所以，我时不时地就去窗户边看看。思丝妈妈看出了我的心思，她说，今天这种天气，即使雪小了，路况也不会好，出门会很危险。"伊斯坦布尔就在你的眼前，你看到感受到的就是伊斯坦布尔，为什么一定要出门呢？"我开始静下心来，跟她们聊天。思丝妈妈教我煮土耳其咖啡，Alice好像也把我当成家里人，不再冲我很凶地叫了。我们一起在网上看思丝下载的"中国达人秀",我给他们当翻译;又一起看土耳其的"达人秀",她们给我当翻译。雪小点的时候,她们带我去见了思丝的外婆。外婆和思丝舅舅住在一起,和思丝家隔着两条马路。我送了一个印着中土两国国旗、象征中土友好的胸章给思丝外婆,老人家高兴坏了,拉着我的手不让走,一定要留我吃晚饭。本来我们准备在思丝家吃新年大餐的,临时决定就在舅舅家吃。

晚上,我们一起准备新年大餐。每个人都拿出了自己的看家本领。外婆最拿手的菜是烤整鸡,从不下厨的舅舅也在厨房里"指手画脚"指挥舅妈做了一道他最爱的土耳其烤肉,思丝妈妈做了一道蒸出来的类似春卷形状的菜,材料是用白菜叶子包米和少量肉末,非常好吃。思丝见我爱吃,第二天走的时候,给我装了满满一便当,让我带着,这是后话。思丝也别出心裁,用一种三角形的奶酪和土耳其特有的一种像松柏叶子的蔬菜做出了一盘"圣诞树"。汤是我来土耳其之后爱上的小扁豆汤,浓浓的,用料很足,比我在安卡拉任何一家餐馆喝到的都要好。我想,这就是家的味道!就像我们无论走多远,都忘不了妈妈包的饺子、奶奶做的蛋炒饭,那不是怀念食物,而是想念亲人,想念食物背后的爱心。我想,我永远也不会忘记这顿丰盛的新年大餐,在这样一个辞旧迎新、背井离乡的时刻,我吃到了一顿亲情盛宴!餐桌上欢乐的气氛至今仍历历在目,他们对中国非常好奇,问了很多问题,思丝妈妈非常希望能和思丝一起去中国旅游。餐后,思丝妈妈将我送给她的西湖龙井拿出来给大家分享,我将就着用土耳其茶具表演了中国的工夫茶,告诉他们中国人喝茶不仅仅是喝,还品茶,不仅仅品茶,还品味生活、享受生活,所以喝茶也要优雅、从容。喝完茶,他们对中国的好感似乎又多了一分。

第二天一早起床,睡眼惺忪中,思丝妈妈用汉语对我说:"程,我爱你。"猛一下,我竟没反应过来,她又说了一遍,我才明白。我们都笑了,我立刻困意全无——多么奇特而有效的 morning call(清晨问候)。这是思丝妈妈昨天晚上在我睡下后自己在网上查了学的,今天早上又练

程海燕和思丝妈妈（左）

习了好多遍，最后觉得发音差不多了，我们也该起床了，才秀给我听的。

那天的计划是思丝带我去逛景点，晚上去另外一个学生 Ceren 家。思丝妈妈有一辆车，原本计划她开车带我们出去逛的。但是因为前一天的大雪，车被雪湮没了，路况也不好，思丝妈妈很纠结，一会儿就去一趟阳台看看车顶的雪是否化了、路况是否有好转。直到我们准备妥当出门的时候，情况也没有任何好转，所以，她只好放弃跟我们一起出去。临出门的时候，她突然抱住我，哭了——这位多愁善感的妈妈一下深深地打动了我，让我至今对她念念不忘。回国休假的时候，我特意为她选了一个故宫皇后娘娘的小摆件，希望她能勇敢坚强地生活。我们约定，以后也要保持联络，也许就在这个暑假，我会和思丝一起再去看她。一个并不完整的家庭，却毫不吝惜地给了我此时缺失的家庭温暖，

记忆篇

程海燕（中）和思丝（右）母女

我怎么能不想着再去看她？

　　回安卡拉不久，伊斯坦布尔就发生爆炸事件，造成数十名德国游客身亡。这个古来就是兵家必争之地的城市，再次吸引了全世界的目光。而我关心的是，那里曾经接待过我，给予过我最大热情的朋友们，他们还好吗？还敢出门吗？心里是否蒙上了一层阴影？未来还能惬意自在地生活吗？

狗嘴救人的少年

　　4月的一天傍晚，我像往常一样，吃完晚饭正打算出去散步，突然接到李老师的电话——土耳其电话费有点贵，平常我们有事都是通过微信联系，李老师怎么会突然打电话呢？接了电话才知道，李老师

51

被狗咬了！

　　土耳其人对猫猫狗狗十分友好，中东技术大学里猫和狗都奇多。大部分时候，这些猫和狗对人都十分温和，有时还能见到躺在地上四脚朝天朝人撒娇的狗。但冬天和春天的时候，狗们特别狂躁，偶尔会听说有人被狗伤了。尽管如此，这还是中国老师第一次被狗咬到。

　　震惊之余，我赶紧询问伤情和状况。李老师已经惊慌得说不清事情了，但是听说有个学生陪着她去医院，我便赶紧让这个学生接听电话。来不及致谢，也来不及询问姓名，我首先问他们现在在哪儿，打算去哪儿，再问李老师伤情怎么样。少年非常沉稳，先安慰我不要着急，说伤得不严重，然后告诉我他们在救护车上，将去位于 A7 门附近的阿塔图尔克医院，医生会帮助处理伤口和注射狂犬疫苗。听到少年沉稳的语调和条理清晰的叙述，我的心放下了一半，嘱咐他安慰李老师，保持联系，并拜托他一定要等到我们去了医院他再走。谁知，这个少年在电话里就说，让我们不要担心，他会一直陪着李老师，并会安全地送她回到学校。

　　我赶紧联系中方院长，碰头之后，我们就赶去医院。土方院长 Nazli 知晓情况后，也从家里火速往医院赶。第一次进土耳其的医院，注射室我们也找不到，只好又打电话给那个学生。电话里说不清，他二话没说，就下楼来接我们。

　　终于见到这位同学了！大约 1 米 9 的个子，瘦瘦的，一身牛仔服，很朴素的一个学生。我们还是忘记了询问名字，见面就问李老师的情况。再次确认李老师伤势不严重之后，我们又问他一路来的车费、医药费是不是他垫付的，结果得知一切都是免费的。他帮忙叫了中东技术大学医务室的免费救护车，而土耳其公立医院是没有挂号费、诊疗费这些费用的，病人只需支付药费即可。这让我们十分惊讶，我们是外国人，却在土耳其平等地享受了高效免费的公共医疗！

　　我们又询问起他遇到李老师的情况。他并没有渲染他是如何救李老师的，倒是李老师说，如果当时不是他在，她可能要被狗撕了。怪不得李老师那么惊慌，但伤势却并不十分严重，原来一切多亏了他。李老师说，当时，她一边听着耳机，一边散步，狗突然从路边蹿出来就咬她。那位学生和他的朋友正在车里聊天，听到李老师的叫声立即跑了出来，大声呼喝，把狗吓跑，救下了李老师，又抱着李老师上他们的车，去了学校的医务室。医务室处理不了，于是，他又打电话给学校的救护车，把李老师送到了这所离中东技术大学最近的医院。

这时，我们才想起记一下这位学生的姓名和电话。他叫Alparslan，是中东技术大学社会学系的学生。

后来，土方院长也赶到了，在她的帮助下，我们顺利地办理了所有的手续。我们几个乘出租车回学校，土方院长开车送Alparslan一起回到学校。出于感谢，Nazli想请他吃饭，这位同学十分客气和坚决地谢绝了。我们又为他准备了一点有中国特色的小礼物，请他收下。Alparslan还是不肯收，我们好说歹说，告诉他礼物并不贵重，只是一点心意，他才勉强接受了。为了给他些更实在的感谢，我们请他作为志愿者来参加我们的一个活动，这样一天能得到100里拉的报酬。但不巧的是，那天的活动十分辛苦，8点就要出发，而且搬箱子这样的重活都是他在干。因为活动是面向土耳其人的，我们中文老师们不懂土文，于是，他就成了我们的"代言人"，一整天不停地向来参观的土耳其人讲解各种中国文化物品，以致口干舌燥。他还现场学会了使用筷子，并为观众演示。实际上，他给予我们的帮助，远远超过了我们给他的报酬。一天的活动之后，我们成了朋友，他拗口的名字被另一个昵称代替：Alpo。

虽然是一场不幸的意外事故，但因此多交了一个土耳其朋友，我们还是倍感欣慰，真是患难见真情。在异国他乡，总有一些特别的遭遇，但是，因为那些时时处处都能碰到的友善的普通民众，让我们虽身处异国，仍能感受到家一样的温暖。

初到中国时的奇遇

雅乌兹·欧乃（土耳其—中国商会主席）

1983年入秋，我怀着激动好奇的心情来到了中国，开始了在中国的留学生活。起先，我进了北京语言学院，学习汉语。

一天，我走在北京的王府井大街上，迎面过来了一个中年男人，跟我打招呼说："你好！"我说："你好呀！"那位先生吃惊地望着我说："哇！你会说汉语？"我说："一般，一般。"我们彼此微笑着，中年男人说："啊，我们找的就是你！"啊？什么？见我没明白他的意思，这个中年男人自我介绍说：我姓张，你就叫我张哥吧。我也作了自我介绍，我说：我叫雅乌兹·欧乃，我来自土耳其，是土耳其的"东北人"，因为我的家乡在黑海边。我喜欢中国的文化，我们的祖先是蒙古人，所以可以说我们是一家人。张哥说："太好了，我们现在在拍一部电影，剧本里面有一个小角色，我们希望你能来扮演这个角色。可以吗？"当时我很激动，毫不犹豫就答应了。我太高兴了，没想到逛一趟王府井让我上了中国的电影。这是我到中国5个月后的一个惊喜，真是美好的经历。

与剧组人员共同度过的日子令我难忘。剧组的每一个人对我都非常好，他们好奇为什么我喜欢中国。我告诉他们，因为中国的文化博大精深，历史悠久；中国文化传承5000年，中国人的思想思维内敛朴实，待人接物又非常注意礼节；中国不光是汉族人的文明，同时聚集着其他55个少数民族的文化文明；又有很多的美食，以及各种的茶叶，这些都是我非常喜欢的。

我们每天的午餐都是盒饭，大家问我喜欢吗，我说非常喜欢，好

2015年5月8日，"一带一路"经贸合作工商论坛暨企业洽谈会在伊斯坦布尔举行，来自中国上海的政府、企业代表与土耳其政界和企业界人士举行洽谈。图为上海市市长杨雄（后排左4）、土耳其—中国商会主席雅乌兹·欧乃（后排左5）等见证合作文件签署。

吃！因为每天都有宫保鸡丁，这个是我喜欢吃的中国菜之一。张哥问我知道为什么叫宫保鸡丁吗，我摇摇头说："不知道啊，请讲给我听吧。"于是，张哥兴致勃勃地给我讲起来。

宫保鸡丁，又称"宫爆鸡丁"，川菜系中的传统名菜，由鸡丁、干辣椒、花生米等炒制而成。由于其入口鲜辣，鸡肉的鲜嫩配合花生的香脆，十分可口，深受广大老百姓喜爱。关于宫保鸡丁的来历，有多种传说：

第一种：丁宝桢，原籍贵州，清咸丰年间（1851—1861）进士，曾任山东巡抚，后任四川总督。他一向很喜欢吃辣椒、鸡肉爆炒的菜肴。据说在山东任职时，他就命家厨制作酱爆鸡丁等菜，很合胃口。但那时此菜还未出名。调任四川总督后，每遇宴客，他都让家厨用花生米、干辣椒和嫩鸡肉炒制鸡丁，肉嫩味美，很受客人欢迎。后来，他由于戍边御敌有功，被朝廷封为"太子少保"，人称"丁宫保"。其家厨烹制的炒鸡丁，也就被称为"宫保鸡丁"了。

第二种：丁宝桢来四川后，大兴水利，百姓感其德，献其喜食的炒鸡丁，名曰"宫保鸡丁"。

第三种：丁宝桢在四川时，常微服私访。一次在一小肆用餐，吃到以花生米炒的辣子鸡丁，叫家厨仿制，家厨遂以"宫保鸡丁"名之。

另外，也有说法认为这道菜源起于清末著名人物左宗棠。据说左宗棠最喜欢吃家厨给他做的鸡，而做法就是将鸡肉切成丁，再配上花生、笋丁、木耳等配料一起炒。清朝巡抚有宫保、少保等称号，因为左宗棠曾任巡抚，被称为"左宫保"，所以人们就称此菜为"宫保鸡丁"。

我听得入神。哇！一道菜还有着这样美好的传说，真的是太伟大了。

然后，我同样也给大家讲起了土耳其的"茶文化"。

我说，在土耳其，有一种永远不变的文化，就是茶文化。早在数百年前，茶就随着丝绸之路远行到了欧洲。土耳其作为丝绸之路的终点，完整地保留下了一套属于自己的茶文化。在这里，茶被叫作 Cai，很像中文中"茶"的发音。

不同于中国，土耳其人喜欢喝的茶是不加奶的红茶，但要加糖，味道甜甜的。而它最大的特色，就是盛茶的器皿很讲究：一只形似窄腰阔肚花瓶的玻璃小杯子，通常用一只小碟子盛载，旁边放上两颗方糖，别具一格。

茶是土耳其人生活中不可缺少的一部分。如果说中国人是爱品茶的，那土耳其人则是嗜茶的。无论是一家人坐在一起吃饭聊天，有客人来访，商人推销自己商品，还是学生上课学习的时候，土耳其人的手中都是离不开茶的。一杯茶，不仅有着提神的功用，还代表着土耳其人的热情。

  在街上，你可以随时看见那些为茶馆给客人送茶的小男孩，他们一手提着金属制的大托盘，里面放着盛有红茶的茶杯和茶盘，匆匆忙忙地赶路送茶。而有些街道上则有游动的茶商，他们提着保温瓶，一边大声地喊着"Cai! Cai!"他们大多将茶卖给那些等车或是逛街的人们。土耳其人可谓不可一日无茶，而且喝茶一日不可少于十杯。

  在土耳其的大街小巷，随处都可以看见茶馆。土耳其的茶馆跟中国的不一样，它们的门前并没有写着"茶"字的幌子。一般情况下，在土耳其的街道上，你只能看见写有"cafe"的店招牌，也就是中国人所说的咖啡厅。但在这些咖啡厅中，都有传统的土耳其茶和土耳其咖啡供应。在这里，你可以点一杯土耳其茶，观看旁边的人们下tavla（西洋双陆棋），也可以学着有些人的样子，点一支水烟悠闲地吸着。当然，水烟的口味很多，但主要是以果味儿为主，像什么苹果味、草莓味、蜜桃味、薄荷味、可可味，等等。

  在土耳其，只有一种茶，那就是红茶。它放在特有的土耳其茶杯中，如果你加入一块方糖，是很美味的。如果加多一点的糖，喝起来就很像蜂蜜的味道了。而且，一般情况下土耳其人都喜欢喝很烫的红茶，趁热喝下去，对于土耳其人是一种很奇妙的享受。

  "知道土耳其茶是如何制作的吗？"此时，我停下来看看大家。啊！他们听得入神，眼睛眨都不眨，齐声催促："快讲！快讲！"我自豪地笑了起来："好！我继续讲。"

  我告诉他们，在土耳其，煮茶时使用一大一小两把铜茶壶，当然现在也有电壶了，但这种茶壶在中国见不到。煮茶的方法是这样的：先用大茶壶放在烧木炭的炉子上煮水；再将小茶壶放在大茶壶上，等大茶壶中的水煮沸后，就将沸水冲入放有茶叶的小茶壶中；经3—5分

土耳其《协议书》杂志（经济性月刊）的一期专访雅乌兹·欧乃的封面。专访主要围绕土中两国在商贸方面的差别以及中国人的生活方式和风俗习惯等主题展开。

钟后，按各人对茶浓淡的需求，将数量不等的浓茶汁分别倒入各个小玻璃杯中；之后，再将大茶壶中的沸水冲入盛有浓茶汁的小茶杯中，至七八分满即可。土耳其人煮茶讲究调制功夫，认为只有色泽红艳透明、香气扑鼻、滋味甘醇可口的茶，才是恰到好处的茶。

这就是土耳其的茶文化。

我说，希望大家去土耳其参观旅游，在那里还有着与土耳其茶齐名的美食：土耳其烤肉。此外，还有土耳其咖啡，它又称阿拉伯咖啡，是欧洲咖啡的始祖，诞生至今已有七八百年历史。

这个时候，有个小孩子从我的身边走过。看到我的样子，孩子问他的妈妈："为什么这个人跟我们长得不一样？他的胳膊上为什么有那么多的毛，还有浓浓的眉毛？"孩子妈妈不好意思地望着我说："不好意思呀，童言无忌，你不要介意啊。"我很高兴地说："没有关系。"之后，我对孩子说："因为我是猴子变的，所以有很多的毛。""哈哈

雅乌兹·欧乃近照

哈",大家都开怀大笑起来。我们之间也许存在的一点隔阂顿时烟消云散。

这就是我初到中国时的奇遇。它不仅给了我近距离接触普通中国百姓的机会,使我对中国和中国人民有了更深的了解,而且让我结识了很多新的朋友,给了我莫大的惊喜。所以,尽管过去了很多年,当时的情景却始终留在我的脑海里,令我终生难忘。

(本文系作者用中文写成)

孔子学院的"洋院长"及土耳其"孔家子弟"的故事

吴长青（土耳其中东技术大学孔子学院前中方院长）

> 我抛弃了所有的忧伤与疑虑，去追逐那无家的潮水，因为那永恒的异乡人在召唤我，他正沿着这条路走来。
>
> ——泰戈尔《采果集》

孔子的学说传到西方，可以追溯至16世纪末17世纪初意大利天主教耶稣会传教士利玛窦和他的后继者们系统地将孔子学说介绍到西方世界。而今，随着世界各国孔子学院的建立与发展，孔子的思想在过去短暂的十余年时间里得到了前所未有的推广与迅速传播。在中国妇孺皆知的"君子和而不同""有朋自远方来，不亦乐乎""己所不欲，勿施于人""四海之内皆兄弟"等孔子的经典语录，也通过分布于世界各地的孔子学院为世人所知。

孔子学院（Confucius Institute）并非一般意义上的大学，而是推广汉语和传播中国文化的海外教育和文化交流机构，是一个非营利性的社会公益机构，一般都是下设在国外的大学和研究院之类的教育机构里，与当地的大学和教育机构融为一个整体。中东技术大学孔子学院位于土耳其的首都安卡拉市，是首都唯一、土耳其仅有的三所孔子学院之一，始建于2008年11月，也是土耳其最早建立的孔子学院。孔子学院在全球通常的运行模式是：外方提供场所，中方选派主要师资，并由中外方各选派一名院长，中外方合作高校成立理事会，以协作共建的模式来运行。孔子学院在海外高校或教育机构里虽独立运行，但同时受设立在中国北京的孔子学院总部／国家汉办和合作双方高校三方的领导。

与娜教授不"打"不成交

　　2014年2月18日，我怀揣着报效祖国、传播中国文化的心，远赴一个遥远而陌生的国度——土耳其共和国，成为设在土耳其中东技术大学的孔子学院的中方院长，开启了我两年的汉教生涯。由此，我同土方院长结下了缘分。

　　土方院长 Nazli Wasti Pamuksuz（娜芝丽）教授是密歇根大学博士。娜教授的称谓取自她的土耳其语名字 Nazli 汉语音译的第一个音节"Na"。"娜"字意为身材婀娜多姿，她自己也非常喜欢大家叫她的中文名。或许是因为网球名宿李娜、娱乐圈名人谢娜等中国"娜姐"干练形象的影响，在见到娜教授之前，尽管我们彼此仅有邮件的寒暄，但我的脑海中对这位土方女院长常常会浮现"娜姐"的干练风范。2013年12月，在北京举行的全球孔子学院大会期间，我首次与娜教授见面。她一袭职业套裙，金色短发，身材匀称，高鼻梁，蓝眼睛，戴着边框眼镜，一口流利、标准的美式英语，语速偏快，思维异常敏捷，斯文中流露着为人处世的果敢和干练，的确应验了未曾谋面前我的种种猜测。在随后的两年里，我同这位果敢、干练的女院长共事，经历了磨合—误解—再磨合，到理解—最终默契的几个阶段，这些点点滴滴的故事现在已成为我终生难忘的记忆。

　　娜教授来自中东技术大学经济与管理学院，是一位非常敬业、非常受欢迎的教授，承担着大量的教学工作。不经意间，我了解到，娜教授承担孔子学院的所有工作是不取任何报酬的，中东技术大学也没有因为她承担孔院的管理工作而减轻她的教学和科研工作量。有一次，我问她是如何处理如此繁重的工作的，她说的确有时候忙得几乎有要放弃的念头，尤其当无法照顾两个尚且年幼的孩子时，这种念头更为

娜教授（左4）与来访客人及孔院教师们合影。右4为吴长青。

强烈。不过她说，她之所以坚持，信念是来自她对中国的了解和对中国文化的喜爱。

在与娜教授共事的过程中，因为思维习惯和文化差异而产生一些分歧是常有的事。中东技术大学在土耳其高校中排名第一，是全球排名前100的高校之一。娜教授也不愧为这所名校的一员干将，她工作风格自信、高效，就连邮件也基本可以做到秒回。但有几次，为汉语水平考试考场的安排，为聘用土耳其助理，为汉语桥比赛的安排，为华为夏令营以及教学点的设置等一些问题，我们还是有过分歧，有过不同看法，甚至有过争吵。但就在一次争吵之后，我开始反思，这种分歧其实是允许存在的，而且娜教授和我都是出于对孔子学院工作的热情，我们的"不同"应该归为文化差异和思维习惯的不同。我想起孔子的一条语录："君子和而不同，小人同而不和。"娜教授作为孔子学院的土方院长,在土耳其特别维护孔子学院的形象。她始终认为,中东技术大学代表了土耳其高校的最高水平,中东技术大学孔子学院的文化活动也要代表最高的水平,为此,她对待一些组织工作的细节苛刻到近乎挑剔。娜教授也常以本孔院是设在土耳其的第一所孔院而自豪。

有一次,在设计"汉语桥"比赛选手手册的环节中,负责设计的汉语老师将文稿反复发送给娜教授校对。我们的老师觉得她近乎吹毛求疵的"苛刻"有点不可理喻,抵触情绪很重,于是,为了安抚老师的情绪,最后一版的文稿我就没有再让她发给娜教授审核,然后就印刷了。"汉语桥"的整个组织工作近乎完美,就在我们庆祝的当天晚上,娜教授很开心,也喝了一点中国酒,她对我说:"长青,我觉得我们的'汉语桥'组织得很成功,你们付出了巨大的努力,我为你们骄傲。可是我发现了选手手册中几处小的英文拼写错误,大家可能很快遗忘这次比赛,但这本纪念册却可能永远保留,我为这些不该有的错误感到抱愧!"天啊!这是我完全没有想到的。后来我翻出那个手册仔细地逐字逐句再读,果真发现了娜教授所提到的几处错误,可娜教授跟我说那几处错误的时候,她分明是在自责。这让我陷入了深思,一方面为一流大学一流教授的严谨态度而震撼,二来也为过去由于娜教授工作的苛刻而对她产生误解感到无比惭愧。再后来我就想,在工作中只要不涉及原则立场方面的底线,我应该做到尊重对方,承认差异。有了这样的一些磨合之后,我们的合作就变得更加顺畅了。一次,我耐心地用英文为娜教授解释孔子的"和而不同"理念,并且告诉她,我们是孔子学院的中、土方院长,我们是合作的双方,更应该理解孔子的这一思想。终于,她慢慢明白了,随即开怀地大笑,然后用不太流利的汉语对我说:"我们做君子,不做小人。"

娜教授从事孔子学院的工作以来,经常往返于土耳其安卡拉与中国北京、上海、厦门、广州等大城市之间,对中国近十年的变化非常

2014年9月26日晚,黑龙江交响乐团音乐会在中东技术大学成功举办。

熟悉,并称赞有加。达到了互相理解后,在土耳其举办一些具有中国特色的文化活动时,娜教授更深地体验到了中国文化的魅力,也切身感受到了中国朋友带来的不同文化的享受,以及合作与共赢的快乐。为纪念中东技大孔子学院成立十周年,2014年9月26日晚,我们通力合作,使黑龙江交响乐团的音乐会在中东技术大学成功举办。当中国传统民歌《茉莉花》与西方歌剧《茶花女》中的《饮酒歌》等著名歌曲在同一场演出中唱响的时候,全场300多名听众完全沉浸在这场两种文化交融的音乐盛宴中。演出结束时,全场起立,掌声久久没有停歇。

已担任土方院长多年的娜教授还立志要学好中文。尽管工作日程已经安排得很满了,她依然坚持每周至少一次来孔子学院上中文课,还为此组织了中东技术大学首届汉语员工班。来自不同学院的七八位

土耳其中东技术大学孔子学院庆祝全球孔院成立十周年。左2为吴长青,左3为娜教授。

老师参加了这个班,娜教授不是年龄最长的,但她是最活跃、最勤奋的学员。汉语课上,常常因为她的一句汉语学习心得引得大家开心大笑,课堂氛围也更加活跃起来。有一次上课讲到"朋友"一词,我忽然想到应该将孔子的一些经典语录介绍给他们。我介绍的第一条语录是"有朋自远方来,不亦乐乎",出自《论语·学而》,意思是说:有志同道合的朋友从远方来(共同研究学习),不也快乐吗?这句话还可以有引申意义,是说:一个人有了原则(将心比心),站在朋友的立场想事情(关心朋友),朋友自然就会交好,这不是很快乐吗?一开始用英文解释这句话,我发现很难解释清其真实内涵,他们听后似懂非懂,云山雾绕,不理解这句话的中国文化内涵。后来,我只好先举个通俗的例子让他们大概明白,我说:"如果你们到中国去,我一定要请你们喝中国茶、吃中国菜,因为你们是我的朋友,我们有共同的志向；现在，我来到土耳其，我是你们的朋友，你们要招待我吃土耳其烤肉……"要知道，土餐同中餐一样有名，这也是两国人民文化交流中津津乐道的主题。一说到吃，大家都开心地大笑起来。

娜教授尊重中国文化，也为本民族文化而自豪。我同娜教授一道，通过不断磨合，努力将孔子学院在土耳其的事业一点一点向前推进。娜教授在担任院长的第二年，即2012年，便被评为该年度"全球孔子学院先进个人"，时任国务委员刘延东为她授予奖牌。我在任的两年时间里，2014年，中东技术大学孔子学院获得厦门大学先进孔子学院集体荣誉；2015年，我本人也获得了厦门大学孔子学院先进个人的荣誉。

孔明、孔昭君、孔莎莎

土耳其学习中文的学生普遍都有一个响当当的中文名字，孔明就是其中的一位。认识并记住孔明同学，是因为他的一次自荐。2014年3月的某一天，他来到孔院，用一口流利的汉语介绍自己，让我们所有孔子学院的汉语老师们都有些惊诧——居然能在土耳其挖掘一个自荐上门学习汉语的好苗子。他个子不高，语言和行为都表现得相当成熟，满脸的络腮胡子，如果让我们猜他的实际年龄，我们绝对不可能想到他才高中毕业没多久。他来孔院是希望做志愿者，不要任何报酬，理由是他喜欢中文，热爱中国。他想和我们在一起提高中文水平，并希望再到中国留学。同他接触过一段时间后，我们了解到，他学习中文有些年头了，高中阶段之外，他曾自费在中国的南京学习中文一年，回土耳其后，他希望继续提高自己的汉语能力，于是就到孔子学院毛遂自荐来了。用他的话说，他最佩服的中国古代名人就是三国时期的孔明（诸葛亮）了，他也希望成为像孔明一样聪明的土耳其人，他的最大梦想就是到孔明的故乡"古隆中"看看。

深受土耳其人喜爱的中国文化活动。

由于孔子学院基本都是女老师,自那以后,中东技术大学孔子学院也就多了一位土耳其男义工。许多文化活动中的粗活、重活,都是由这位长着满脸络腮胡子的"土耳其孔明"来完成。在孔子学院做义工的半年里,他自然而然地为我们做了大量与土耳其人沟通的工作。在"中国文化日""中国电影月"等活动中,他还帮我们出谋划策。经过一段系统的汉语强化,在孔子学院老师们的指导下,孔明还代表中东技术大学孔子学院参加了第13届汉语桥比赛。尽管因为笔试成绩欠佳,未能夺得大的奖项,但他在中华才艺的表演环节以一段流利的天津快板令全场轰动,获得了最佳才艺奖。半年之后,孔明基于对中国文化的热爱,在孔子学院的帮助和推荐之下,获得江苏省"茉莉花"奖学金,回到南京师范大学继续学习一年中文。毕业后,他留在了中国,立志在中国的演艺界发展。

Begumsen Ergenekon 是来自中东技术大学的人类学讲师,酷爱中国文化，因上汉语员工班的汉语课程而与孔子学院结下缘分。Begumsen擅长弹奏土耳其本土的一种叫乌德琴的民族乐器，而且擅长舞蹈。在我们制作孔子学院十周年纪念光盘时，她自告奋勇，同员工班学员们一道，在她美妙的乌德琴乐曲伴奏下，演唱了一首脍炙人口的中国民歌《茉莉花》，这是纪念光盘中给人留下深刻印象的乐曲之一。

一次偶然的机会，我同Begumsen聊起乌德琴和中国的传统民族乐器琵琶。虽然我不太懂中国琵琶的演奏方法，但对这一话题，Begumsen表现出了浓厚的兴趣。为此，我还给她介绍了中国古代的四大美女之一王昭君。中国西汉时期，王昭君为了边疆的安定，以民族大义为重，自愿与匈奴单于和亲，直到死也没能再回到中原。我从网上找到描绘王昭君抱着琵琶出塞时的情景图片给Begumsen看，并给她大体讲了"昭君出塞"的故事。Begumsen听得非常用心，而且希望把自己的中文名字改成昭君。因为她是孔子学院的学员，是孔子的弟子，而且对西汉的王昭君钦慕有加，于是我建议她就叫"孔昭君"，这个名字再合适不过了。之后，孔昭君学习汉语越发地努力，渐渐对中国的历史故事也产生了深厚的兴趣。后来，她两次到中国参加学术会议，均以孔昭君的名字参会，并作了"孔子学院对促进两国文化交流的作用"等主题发言。她还曾在土耳其一本学术期刊上用土耳其文发表了关于中国文化的学术论文，其中就引用了西汉"昭君出塞"的故事。

每年一度的"汉语桥"比赛对土耳其爱好中文和学习汉语的青年学生们是一次盛会，他们不但切磋了技艺，提高了汉语水平，广交了朋友，而且让孔子学院的老师们挖掘到一些汉语"学霸"。来自哈萨克斯坦的Sharifa Jabbarova（孔莎莎）同学就是学霸之一。因为有孔昭君姓名的启发，之后我再给土耳其学生起中文名字，一定都会以孔为姓，Sharifa的名字与中文的"莎莎"谐音，孔莎莎也就成了她特别喜

吴长青（中）与孔昭君（左一）在北京。

欢的中文姓名。我算是孔莎莎的中文启蒙老师。有一次周末汉语课上，来了一位阳光、开朗、身材高挑、长发披肩、面容清秀的女孩，她自学了一段时间的中文，但因为很多地方想不明白，于是决定付费参加中东技术大学外国语学院的周末汉语班。莎莎给我的第一印象就是勤奋，不但课堂上有问不完的问题，课后自学能力也非常强，全然不像一位汉语初学者。经过一段时间的接触，我了解到，她是土耳其另一所知名公立大学——加齐大学（Gazi University）的博士研究生，从事国际关系方面的研究。她在哈萨克斯坦完成本科学习，然后申请到土耳其的公立大学读研究生，已经在土耳其读了四年多，获得了两个硕士学位，能用流利的英文、土耳其文交流，加上她的本族语和俄语，共精通四国语言。但她仍不满足，特别想挑战一下自己，学习被土耳其人称为最难学的语言——汉语，并付诸了行动。

随着孔院新的志愿者老师的到来，因为年龄相仿，莎莎很快与我们的中文老师热络起来，也常常到孔院来串门。于是，我们也鼓励她同时选修我们正常的中文课,并将她列为下一轮"汉语桥"比赛的培训选手。一开始,她有些信心不足,但在老师们的帮助和鼓励之下,孔莎莎的学霸潜质得以爆发。比赛前的一个多月强化,她几乎放下手头所有的工作,以超乎常人的勤奋,痴迷地学习汉语。最终,她以令人难以置信的成绩取得第 14 届汉语桥比赛土耳其赛区三等奖(第五名)的好成绩,其中笔试部分获得几乎满分,并列第一名;个人才艺表演环节,她以一段极具中国古典魅力的舞蹈《十面埋伏》独领风骚,博得满堂喝彩。可惜的是,自由演讲环节中,她的语言表达尚有欠缺,未能进入前三甲。不过,孔莎莎勤奋学习汉语三个月,勇夺汉语桥比赛三等奖的故事已经成为中东技术大学孔子学院的一段佳话。

哈萨克斯坦人都知道,哈中两国不仅是好邻居也是好朋友。学习国际关系的孔莎莎非常清楚地感受到,习近平主席于 2013 年 9 月 7 日在哈萨克斯坦纳扎尔巴耶夫大学发表演讲时首次提出的建设"丝绸之路经济带"构想,为两国经贸、文化、旅游等各个领域提供了巨大的合作与发展机遇。经过近半年时间在孔子学院汉语班的学习之后,孔莎莎也立志用一年时间到中国留学,学好中文,并将自己的博士研究课题聚焦在"一带一路战略背景下的哈中关系"。2015 年 9 月,孔莎莎获得孔子学院总部奖学金的资助,赴湖北武汉进行为期一年的汉语学习。

再次与孔莎莎相见,是在我离任后回到武汉的校园。莎莎依然保留着学霸的风范,每天的课程和学习计划安排得非常紧凑,她的汉语听力已经没有太大问题,汉语表达也有了非常大的进步。她还自豪地告诉我,现在基本能认识 2000 个左右的汉字了,这已经是非常了不起的成绩。更可喜的是,她特别喜欢中国,喜欢武汉,喜欢中南民族大学美丽的校园,喜欢中国武术,并成为校武术队唯一一位外籍选手。莎莎还憧憬着博士毕业后能重新回到中国的高校,继续她的博士后研究。

往事如烟、岁月如歌,两年的汉教和孔子学院中方院长的生涯转

孔莎莎（中）在中国练习武术。

瞬即逝。离任前，每每在中东技术大学安静的深夜里翻看两年来的照片，我觉得没有虚度，同时内心深处也特别感谢娜教授、我的同事及土耳其朋友们的帮助。最让我怀念的、最不舍的，还是这些土耳其朋友们！青山不改、绿水长流，也许有一天，我仍会与孔子学院的"洋院长"和"孔家子弟"们再次相见。

在土耳其投资建厂二三事

单静波（中国中车株洲电力机车有限公司驻土耳其分公司总经理）

2012年6月，我们公司中标土耳其安卡拉324辆不锈钢地铁车辆项目。为完美地完成此项目，同时在贯连亚欧的丝路上扎根，公司决定在安卡拉设厂，实现本地化生产。而我也因此跨越遥远的东方，来赴这安纳托利亚高原的邀约。

来之前，我是做足了功课的，人文地理、政经形势，林林总总的记了一大本笔记。预想中的她，应该有丝绸之路的古典沧桑、有海滨城市的婉约风光、有隔绝中东战火的遗世独立，也有链接世界的狂傲张扬。事实证明我的预想是对的，来土耳其的第一天，我就迷醉在了那一片入目的深蓝里，蓝蓝的天、蓝蓝的海，还有蓝蓝的天使之眼。如今，我已在土耳其待了近四年，接触了形形色色的人，见识了纷纷

厂区概貌

扰扰的事，也见证了土耳其人民的友谊与感情。

与土耳其人的合资谈判

　　梅苏特·奥兹丹是我认识的第一个土耳其人，40来岁的他外表看起来有五六十了，两鬓花白，身材微胖，永远一身严谨的西装领带，职业经理人的素养与气质很明显。他是我们合作伙伴的谈判代表，从2012年开始与我们进行项目投资的合作洽谈，到现在于公于私都还与我保持着良好的往来。有道是窥斑见豹，他当之无愧地是我认识土耳其人的第一扇窗口。

　　2013年4月是项目谈判最艰难的时候，双方在合作协议的具体条款上争执不下。为不影响项目整体进度，我们在洽谈的过程中都是"5+2""白加黑"地夜以继日地工作，根本没有周末的概念。当时他的表现就颠覆了我曾经对近西方外国人的粗浅认知，我默默地问自己：他们不是很注重个人生活与工作分开的吗？不是很强调个人生活质量的吗？不是家庭第一、工作第二的吗？还记得以前我们有个意大利的供应商，我们公司催他们加速交货时，得到的回复竟是他们国内"正在休假，全厂停工"，表现得那叫一个理所当然！

　　如果说这只体现了他的工作作风，那么谈判中的另外一件小事则深深地打动了我。当时我们的谈判地点定在株洲，他千里迢迢从土耳其赶过来，见到我们的第一件事就是拿出一个可爱的洋娃娃，送给我们一个同事。他笑着对我们说这是给同事女儿的见面礼，特地从土耳其带过来的，并拽着半生不熟的中文费力地说"礼轻情义重"。我当时感觉非常惊诧，我那位同事只是在平常交谈过程中不经意间说过一句自己有个女儿，他竟然牢记在心了，并且他说的这句中文也让我对他一直标榜的"喜欢中华文明与中国文化"有了更深的理解。

　　2013年，谈判初见成效，我们来到了土耳其安卡拉准备建立公司。刚来时，什么都靠摸索，办理工作签证、租赁办公室、租赁住房等大部分事宜都是靠梅苏特帮忙完成的。还记得他周末放弃自己休息，开车带着我们在整个安卡拉一家家地看房子。好久以后我们才得知，他妻子长期卧病在医院，每次义务帮完我们的忙，他就急匆匆赶去医院照顾妻子，这事让我一直心生愧疚。

还是2013年，那是一个土耳其最长的假期——宰牲节，这个节日的性质与中国春节有得一比，大部分土耳其人在这个节日里会与家人欢聚一堂，共享天伦之乐。初涉土耳其文化的我们还是感觉蛮新鲜的，但是作为局外人，我们更多享受到的是假期的悠闲而非节日的温馨热闹。然而，在节日接近尾声的一个傍晚，梅苏特踏着夕阳突然造访，随身携带的是已然烤好了的且在英文里与土耳其国名同名的火鸡（英文为turkey），原来他是想要我们也感受一下这节日的氛围，同时也是担心我们寂寞想家。他对我们笑道："当我在中国的时候，每逢节假日就感觉孤寂，想家。我的中国朋友每每这时候都会邀请我到他们家，或者陪我一起过节，总让我觉得中国是我的第二个家。"看着他和煦的笑容，感受他那浓浓的善意，我有那么一刹那的恍惚，终于明白"纵马江湖谁非客，心之所恋便是家"的含义了，善意的文化相互交融，足以营造家的温馨感。

合资公司中土员工间的友谊

阿哈梅特是我们公司的一名一线生产工人，他通过两年不懈的努力，从一名普通员工提升为班长，并成长为现在的技能专家，获得了中土双方员工的一致认可与好评，同时还收获了多名来土耳其进行技术援助的中国工程师的友情。我最开始注意到他不是因为他那出色的工作业绩，而是因为他进入我们公司颇具传奇色彩，曾经上演过一场"拦车自荐"的戏码。

中土工程师的友谊

  2014年4月，当时公司初创，正是大举招人之际。某个周末，我们公司的几名员工开车前往超市购置日常生活用品，快到目的地时，司机敏锐地发现有个人在路旁朝我们欢快地挥手。司机还以为车辆有什么问题，疑惑中靠边停车向他询问。谁知他却像见了亲人一样以土耳其传统碰头礼向我们的员工问好，在大家的一片疑惑中作自我推荐。良久之后我们才得知，是车身上印的公司标志"出卖"了我们。阿哈梅特说他喜欢中国的神秘，一直以来就对中国非常向往，也知道我们母公司是全球最大的轨道交通装备制造企业，拥有世界一流的技术，他特别想加入我们公司，并且曾向我们公司投过简历，今天有幸在街上通过公司车辆认出了我们，因此激动地拦车自荐。得知原委后，我们的员工一方面哭笑不得，一方面又着实小小地感动了一把，大家都知道这是国家"走出去"战略带来的惊喜与自豪。后来经过公司人资审核后，阿哈梅特就这样带着一身风尘与憧憬走进了我们公司。

车辆产品

事实证明,他所说的喜欢中国文化、向往中国并不是为了进入我司而准备的说辞,因为他进入公司后的一系列行为表现,证明了他对中国确实是真爱。初入公司,他完全没有一般土耳其员工的生涩与隔阂,很快便与中方工程师打成了一片,经常向他们探询中国文化,了解得越多,他越是对中华五千年的文明神往。同时,在他的带动下,其他土耳其员工对中国文化的兴趣也越来越浓,最后工程师们也被问累了,干脆组织了几堂中国文化宣讲课,与员工们共同探讨双方文化的异同与交流。不久,他就央求来土耳其的中方工程师帮他买了一款中国手机,用他的话说就是喜欢中国产品,价格实在质量好。此外,他还多次向公司建议给土耳其员工培训中文,考虑到语言学习的难度,公司并没有采纳,不过他自己却没放弃,转向中方工程师学习起来,现在已经能用中文进行基本的交流。

记忆篇

一位土耳其员工正在专注地工作。

  2014年底，是公司生产任务最为繁忙的时候，为保证生产进度，我司从国内申请了一批技术援助人员来土耳其进行技术指导，同时我司的工程技术人员也加班加点彻夜鏖战。大部分土耳其员工是反对加班的，因此我们在安排工作的时候也尽可能照顾员工的情绪。然而，出乎我们意料的是，阿哈梅特经常主动留下来陪着工程师们加班，主动向工程师讨教技术问题，甚至有时晚上他还会从家里带点自家做的小吃过来，慰问办公室的中国朋友们。此外，一旦公司有临时加班事宜，他与他带的班组员工们也是随叫随到，毫无怨言。这些细节，让他收获了工程师们满满的赞誉与细心的教导，通过努力学习，他毫无意外地成了我司技能水平最高的员工之一。

  大部分土耳其人心中都有自己的一个球队，阿哈梅特也不例外，他有一套珍藏的球衣。每到周末，他总是要么邀请中方工程师去他家做客，要么当导游带领大家游览安卡拉的山山水水，要么就组织大家踢一场中土足球友谊赛。在这过程中，他与来土耳其进行技术援助的一名中方工程师建立起了深厚的友谊，两人一起探讨工作、相互教对方自己的母语、相互送对方特产、一起踢足球。在这名工程师工作期满即将回国的那天，阿哈梅特将自己珍藏的球衣送给了他，工程师也将自己的工作服洗得干干净净的送给了阿哈梅特。临别时，阿哈梅特给了工程师一个大大的拥抱，留下一句话："兄弟，我会努力工作，争取获得公司派往中国进行培训进修的机会，到时候在中国再见！"我不知道工程师心里是怎么样想的，但我知道中土之间又留下了一道虽然微末、却十分真挚的友谊。

在土耳其一路走来，遇见过不少人与事，有些人很平凡、有些事很微小，就像烟花，虽然短暂，但都曾绚烂过整片天空，让人觉得灿烂、温馨与感动。随着国家"走出去"步伐的加快和公司国际化程度的提高，可以预见的是，未来我将会收获更多诸如此类的感动。我默默地期待着。

难忘我的土耳其家庭

王琳（土耳其中东技术大学孔子学院原汉语教师）

离开我们称之为"蓝色土耳其"的国度已经一年半了，很多记忆随着时间的流逝也已经渐渐模糊。生活就像一辆缓缓驶向终点的列车，有些人在你的生活中来了然后又走了，这是个自然的过程。有些地方可能永远不会再去，有些人可能此生不会再见，再去过多追忆只能徒增伤感。但是，那年春天，漫山遍野的野菊花惊艳了整个安纳托利亚高原，就在这样一个美丽的季节，我邂逅了一位如野菊花般自然、泛着淡淡清香的土耳其姑娘阿斯乐，收获了一生中最珍贵的友谊。她和她的家人所给予我的感动让我刻骨铭心，此生难忘。

初到安卡拉时，她是我汉语周末班上的学生，是一位集好学、美丽、善良和热情于一身的土耳其姑娘。周末班主要是面向有学习汉语需求的社会人员开设的，大部分学生学习汉语都是出于要跟中国人做生意以及其他现实需要。上课时间是每周四晚上7点到10点半和每周六上午9点到下午1点半，学习时间之长，课程设置之紧，都是难以想象的。这些学生利用工作之余还能来学习汉语，实属难能可贵。更让人感动的是阿斯乐几乎每次都是第一个抵达教室，风雨无阻。课上，她更是紧跟我的讲课思路，用心学习，积极提问。渐渐地，我对这个单纯而好学的学生产生了浓厚的兴趣：到底是什么魔力让她这个从未去过中国的土耳其姑娘对汉语如此着迷？她笑着说："我在英国留学的时候结识了一位热情好客的中国女孩，是她让我萌发了学习汉语、了解中国文化的想法。我就是想搞清楚什么样的语言才能够造就这么美好的人们，我更希望有一天我可以用一口流利的汉语跟我的好朋友轻松自如地会话。"

多么可爱而单纯的动机！但就是这个再简单不过的理由，让她一直坚持不懈地学习汉语。现在的她已经能够用汉语流利地表达自己的想法，并且认识大部分的常用汉字了。为了实现梦想，她曾于2013年和2014年连续两次参加土耳其赛区的"汉语桥"大赛。不太擅长音律和舞蹈的她，利用工作之余照着视频一遍又一遍地练习中国舞、弹奏葫芦丝，从动作和音律的精准度到熟练度，她都严格要求，直到令自己满意为止，其中的艰难程度可想而知。

站在大赛的讲台上，她缓缓地讲述着自己与汉语的不解之缘，说自己上辈子可能真的是中国人，或者她的祖先就是中国人。她在台上认真地跳着彝族舞蹈，虽然并没有做到尽善尽美，但是却那么用心，又是那么光彩照人。听她在台上聚精会神地吹奏葫芦丝，恍惚中我深深地相信，冥冥之中可能真有一种叫作缘分的东西，使我们不由自主并全力以赴地去接近我们想要靠近的东西。她与汉语以及中国就有这种命中注定的情缘。

2014年5月，她去美国旅游。在美国的20多天里，她穿着印有"汉语桥"字样的T恤去唐人街吃中餐，去华人超市买中国调料，跟着中国的旅行团游历美国景点，接受全程中文导游在中国语言文化上的疯狂洗礼。后来，孔子学院联合中国驻土耳其大使馆以及在安卡拉的中资企业创办土语和汉语沙龙，我邀请她担任中方人员的土语教师，她毫不犹豫地欣然接受。从此，她每个周末都会来孔子学院免费为中方人员上土语课，组织丰富多彩的文化活动，介绍土耳其咖啡和饮食文化以及风土人情，以便使馆和中资企业工作人员能够更快掌握日常所需的土语并适应土耳其生活。2015年2月，她成功地申请到台湾的奖学金，远赴台湾大学学习了三个月的汉语。在台湾期间，她争分夺秒地学习，每天课后都去图书馆写汉字、读汉语故事书，接触各种各样的人，充分地融入了当地生活。经过三个月沉浸式的汉语学习，她已经能够自如地对话、流畅地写作；回土后，她作为中土文化交流大使的形象更为光彩夺

2013 年，王琳和阿斯乐在布尔萨清真寺前留影。

目了。现在的她一边继续积极地参加孔子学院的文化推广活动，一边还热情地投入向中方企业推介土耳其文化的事业中去。在安卡拉，有中国人的地方就一定有阿斯乐的身影。

两年的相处让我们成了无话不谈的好朋友，我们一起分享各自的人生经历。她教我在土耳其的基本生存技能，陪我度过那段远离家人的艰难岁月；我引领她走进更广阔的汉语天地，深入了解博大精深的中国文化。我们就这样不约而同地走到了一起，成为形影不离的好姐妹。记得 2013 年冬天，我和女儿相依为命的日子里，孩子生了一场大病，先是浑身无力，无精打采，昏昏欲睡，再到鼻涕眼泪齐飞，后来咳嗽到无法入眠。我几乎用尽了各种偏方，也无济于事，但我真心不想去当地的医院，怕说不清，道不明，或者被开错药。那天晚上，女儿持续高烧，我实在手足无措，只得打电话向阿斯乐求助。她二话没说直接把我们送到医院，给医生解释病情，并转达了我的顾虑，然后一直陪我们在医院待到夜里 2 点半。医生鉴定说女儿的病情已经恶化成肺炎，我追悔莫及。还好在我绝望无助时，有阿斯乐在身边陪我一起度过。那一刻，我觉得她就像通了电的女神像，熠熠生辉，光彩迷人。

我离任前，阿斯乐盛情邀请我去她家看看她的父母，说是让我见见我的土耳其父母。作为好姐妹，我欣然接受了这支橄榄枝，五个小时的车程，我们一路欢歌笑语地来到了名叫 Inegöl 的小镇。它隶属于土耳其历史名城布尔萨，小镇的入口处是一个叉子叉着一片烤肉的雕塑，因为这里烤制的 köfte（土耳其烤肉饼）鲜香味美，闻名全国。

毕竟是第一次去土耳其人家里做客，我心里还是有点忐忑。该怎样跟人家交流呢？我那蹩脚到拿不出手的土语啊，每次一张口都有一种特别傻、特别土的感觉。忐忑不安之际，迎面走来一位步履蹒跚的老人，头顶伊斯兰丝巾，用略带土耳其东部口音的土语对我们的到来表示热烈欢迎。她一把抓住我的手，开始叽里呱啦地拉起呱来。我几乎没有听懂她在絮叨什么，只能呵呵地笑着，并适时地用夸张的表情予以回应。这样的会话居然持续了十多分钟，最后还是我憋不住了，用绝对温和而谄媚的语气说出了那句具有无限杀伤力的"Anlamadım（我听不懂）"。老人继续热情洋溢地说着，好像根本没有听到这句让我颇为内疚的话，于是我只能向阿斯乐求救。阿斯乐一直在那里笑个不停，然后告诉我，奶奶眼睛不好，其实她根本不知道我是谁，就是在倾诉："我的亲戚都不在布尔萨，我在这里几乎没有什么亲戚，很孤单……"然后，阿斯乐调侃她说："现在来客人了，你得带他们出去玩啊。"老太太一本正经地答道："我不会开车，腿脚也不好，实在没法带他们出去，不过可以带他们去邻居家转转……"

土耳其东部是比较偏远贫穷的地区，据说以前没有人口登记的做法，所以老太太也不记得自己的具体年龄了，可能是 89 岁。她说起话来幽默风趣，说话时好像当我是土耳其人一样的节奏，还深情款款地望着我，就好像能够看清我的样子似的。在一个一辈子接触的全是说着土耳其语的老人眼里，土语无疑就是一种世界语言。更让我震撼的是，她在终于明白了我是真的听不懂土语后，居然要求跟我学习英语。那一刻，我似乎把这位可爱、幽默、热情、慈祥又略有点搞笑的穆斯林老奶奶当成我的亲奶奶了。从小学一直到考上大学的那一年，我都是跟奶奶一起生活，那深厚的感情和永远的依恋自不必说，但是我从未将这种依恋向奶奶说起过。现在，奶奶已经老到记不清谁是谁了，却一听就能识别出我和弟弟的声音。每每想到这些，我都会止不住地难过。我还依稀记得那些年的清晨，火红的日出照在奶奶那乌黑的秀发上，她坐在门前的板凳上将头发一缕一缕地编成辫子，然后熟练地挽成一个美丽的发髻。这是我童年最美好的记忆。而现在，眼前这位可爱的土耳其老奶奶与我那慈祥的亲奶奶的形象分明已经合二而一，画面清晰而动人，我的双眼却早已被泪水模糊。亲爱的奶奶们，如何才能让你们长生不老，永远不会离我们而去呢？

  接着出场的是阿斯乐的妈妈。这是位典型的穆斯林妇女，即便是在家里也虔诚地戴着头巾。作为非穆斯林的我们，也许会觉得不好理解，遮起一头秀发，该少了多少女性的妩媚啊！但事关他们的宗教信仰和习俗，我们当然应予尊重。而且就是这样炎热的夏季，她们还能坚持时刻戴着头巾，一天五次地穿着长及脚跟的风衣，穿过炙热的阳光走到清真寺里去做祷告，是何等的真诚让她们如此虔诚，如此风雨无阻？这使我感到由衷地佩服。我想，信仰也许真会让人更理性地把握人生，更透彻地领悟生命里的真善美，更超脱地看待生活里的得与失？

  就是这样一位虔诚的穆斯林妇女，向我们讲述小镇的故事，介绍小镇的每个角落，带我品尝小镇的特色小吃，看好玩的、好看的，无所不包。两天的时间里，她一直那样优雅地微笑着，细致入微地关心着，努力地用不太熟练的英语跟我们交流着，想尽办法让我们在小镇

王琳和土耳其奶奶

的每分每秒尽善尽美。

就是这样一位典型的穆斯林妈妈，把家里收拾得一尘不染，把老人照顾得无微不至，把客人招呼得宾至如归，把孩子教育得彬彬有礼。土耳其男士的家庭地位非常高，只要负责赚钱就好了，其他家务什么的一概不用过问，就是酱油瓶子倒了也不会帮着扶一下的。对于女性来说，劳动强度和内心压力可见一斑，但是她总是那样一直微笑着，仿佛这所有的操劳和付出都心甘情愿而又乐在其中。她似乎从不会发火，总是细细地、慢慢地说话，在自己的爱人面前也永远是那么心满意足，脸上洋溢着的永远是幸福和满足。我想，这样的女人哪怕遮盖了时尚的发型和曼妙的身材，却也焕发着无法抗拒的魅力。

此生能够有幸走进这样一个土耳其家庭，邂逅如此美好的穆斯林妈妈，我想我没有白来土耳其这一趟。这就是为什么在这次布尔萨之行的最后，我居然毫无征兆地泪奔了，因为被感动，因为被温暖。若干年后，我也要成为这样的妈妈，用亮丽的人格魅力感染我生命中的爱人和

王琳（右1）和她的土耳其家庭

孩子以及所有的过客。

家里还有一位重要人物，就是阿斯乐的爸爸。其实我们跟他的接触不是很多，他是一名工程师，好像是在类似于城市设计院的单位工作。由于工作需要，他去过很多国家做工程，会说一口流利的德语。他在小镇上也很有声望，倍受尊敬的样子，所到之处都会有人热情地跟他打招呼问好。镇上很多建筑都是他曾经设计或者参与设计的，他还特意把我们带到他在小镇上建的第一个仓库那里去观看了一番。

老人说话娓娓道来，风趣幽默。世界上有这样一种人，他会给你平易近人的感觉，与其对话，你会在没有任何压力的情况下了解到你不曾知晓的世界，让你感觉到自己的肤浅，领悟到自己的无知，而你又不会自惭形秽，只会为能够进行这样有营养的交流而欣喜万分。这就是阿斯乐爸爸给我最深刻的印象。

在最后要说再见的时候，阿斯乐的爸爸妈妈开玩笑说要收养我这个女儿，还要办手续什么的，我当然不会当真，但我真的很感动。当这位穆斯林妈妈说到"记住你在土耳其有一个家"时，我泪如雨下。有时候，某句话、某个场景貌似稀松平常，但是却直戳泪点。我承认我是那种泪点略低的人，但我却真心被这份素昧平生的热情深深地打动了。阿斯乐一家人以其朴实无华的淳朴毫无悬念地征服了我这颗心。感谢我远在布尔萨的土耳其家庭，照亮并丰富了我这段不留遗憾的土耳其汉语教学之旅。那一刻，我明明就被阿斯乐和她热情的家人深深地感动了，以至于到最后热泪盈眶，泣不成声。

多想再和阿斯乐一起去一次 Arkadaş 书店喝珍珠奶茶，她看她的休闲杂志，我研究我的欧洲攻略；多想再和她一起在孔子学院一边吃巧克力，一边看中国电影；多想再给她恶补一节汉语课，教她"吃醋""打酱油"的来历，听她提各种匪夷所思的语法问题；多想再去聆听一节土语课，听她教我那句"Az veren Candan, Çok veren Maldan"（买菜讲价时的必备语）；多想再去一次马尔马拉海畔的橄榄树之乡 Armutlu，和她一起在阳台上喂成群的海鸥，和爸爸用德语聊天，吃妈妈亲手做的土耳其甜点，听奶奶讲那过去的事情。

祈求上苍，让我有一天能够再次见到阿斯乐和她的家人，并保佑他们幸福安康。

人物篇

> 徐　鹍：土耳其将军的茅台缘和中国情
> 吴克明：忆三位土耳其朋友
> 刘立军：老沙一家
> 赵玫玫：痴情于中国的土耳其三姐妹
> 陈绮涛：我和我的土耳其先生
> 范　珣："我的中国冒险之旅，我的中国梦"
> 沈　杰：陆爸爸的故事

土耳其将军的茅台缘和中国情

徐鹍（中国前驻伊斯坦布尔总领事）

国人常云，善饮者唯诗人与将军耳，诚哉斯言。前者最有名当数"诗仙"李白，君不见杜甫曾有诗句赞曰"李白斗酒诗百篇"；后者则例证无数，就拿中国最有名的古典小说之一《三国演义》来说，其中的将军哪个不善豪饮，哪个不是海量？其实不光是中国，外国的情形也大体如此。就拿将军来说，善饮者恐就不在少数。我认识的土耳其将军苏康，就属于此列。

大家都知道，茅台酒是中国白酒中的佼佼者，以其酒质纯正、醇香浓郁而闻名，曾在巴拿马国际博览会上夺得金奖，被誉为"国酒"，我国好酒之人莫不爱之。而现在，随着中外交往的日益频繁，外国人中喜欢茅台酒的人士也越来越多，苏康将军便是其中之一。

我曾先后在中国驻土耳其大使馆和驻伊斯坦布尔总领馆工作过17年，在此期间曾与苏康将军有过多次接触和交往。他对茅台酒的喜爱，尤其是他对中国人民和中国文化的感情，给我留下深刻印象，至今难以忘怀。

中土两国相距万里，但两国人民的心是相通的。我们之间既有源远流长的悠久情谊，近代又有颇为相似的历史遭遇，因此，土耳其老百姓普遍对中国和中国人民有着一种天然的亲近感和友好情谊。这一点，我在同苏康将军的接触中也深有体会。

初识苏康将军，还要追溯到上世纪80年代，当时他正担任土军第二总长之职，我国军事代表团来访，由他出面接待。我国大使在使馆邀请代表团成员和土方军队领导及相关人员时，我作为译员曾有幸参加。俗话说,"朋友来了有好酒",宴会上自然少不了茅台。也就是在那次宴会上,我亲眼见证了苏康将军对茅台酒的钟爱。我们本以为像茅台这种烈性酒外国人恐怕难以接受,谁知苏康将军本来就嗜好杯中物,而且"千杯不醉",酒量了得。那次是他头一回接触茅台,一杯下肚,他赞不绝口。得知茅台酒曾在1915年巴拿马万国博览会上获得过金奖后,他更是兴趣盎然。加上我方将军团长也是善饮之人,双方真是"酒逢知己千杯少",推杯换盏,你来我往。一顿饭下来,不知不觉双方都已是二十几杯下肚,但除了面色红润、容光焕发之外,其他一如常人,看得我们这些不善饮酒之人不禁啧啧称奇。也许是茅台酒的作用,双方之间的话题越来越多,谈古论今,共叙友情,纵论时事,商议合作,气氛甚为热烈,最后互相握别时,还觉意犹未尽。大使看到苏康将军如此喜欢茅台,又有如此海量,便索性送了他一瓶。将军喜出望外,如获至宝,连声称谢。从此,苏康将军便成了中国使馆的好朋友,凡遇国庆招待会等大型活动,他都有请必到,而且特别友好,当然,我们也会把他待若上宾,少不了奉上几杯他心爱的茅台。

20世纪90年代初,我调任驻伊斯坦布尔总领事,与住在该市的苏康将军距离更近了,交往也就更加方便了。此时将军已经退休,年龄也已过古稀,但精神尚佳,对茅台的钟爱之情依然不减。我们数次在馆内设宴招待将军,双方在加深了解的同时,友谊也在不断加深。每次宴请,饭桌上自然都少不了茅台,我不善饮酒,每次碰杯都只是稍稍抿上一抿,装装样子而已,但将军却毫不在意,每次拿起酒杯都一饮而尽。看到将军的豪爽劲儿,我不禁在心中暗暗为他叫好。知道将军爱喝茅台,每次宴会前,我们都会吩咐招待员准备两瓶茅台,一瓶供餐桌上饮用,一瓶送给将军回家慢慢品尝。

应将军的邀请,我和夫人王锦荣也曾去将军家作客,去时我们自然不会忘记带上茅台,这对他可以说是最好的礼物。将军的家在伊斯坦布尔的亚洲部分,是军队分配的一栋两层小楼,虽不算大,但对于将军一家而言还算宽敞。按照土耳其的规定，苏康将军这种级别，退休后除了住房以外，还会配备一个勤务兵和一辆小车。将军的家十分整洁，但我们注意到，屋内的陈设却极为简单，将军的生活也相当简朴，这有点出乎我们的意料。

落座之后，将军按照土耳其人的习俗，马上问我们要喝茶还是咖啡。我们选择了咖啡，要知道，"土耳其咖啡"可是世界闻名的饮料。其实，土耳其并不出产咖啡，但"土耳其咖啡"在制作时有一套独门绝技，煮出的咖啡浓郁可口，香味扑鼻。说起"土耳其咖啡"，还有一段故事。据资料，咖啡的原产地在非洲的埃塞俄比亚，咖啡这一名称就来自该国的加法城。公元3世纪，一批外来的僧侣在这里发现了咖啡可以使人精神百倍和异常兴奋的特性。从此，咖啡便成了人类的饮品之一，并传入红海对岸的也门。由于后来也门成为奥斯曼帝国的属地，咖啡也就逐渐在帝国首都伊斯坦布尔传播开来。此后，又通过奥斯曼的使节以及来伊市经商的欧洲商人传到了威尼斯、英国、法国等地。从此，咖啡风靡整个欧洲并传遍世界。在这长期的传播过程中，土耳其慢慢形成了自己独特的咖啡制作方法，这就是"土耳其咖啡"的来历。

不一会儿，咖啡端了上来，浓烈的香味很快便扩散到整个客厅。咖啡都盛在一寸多高的小瓷杯里，下面垫着托盘，瓷杯和托盘上面绘有土耳其风格的图案，显得十分典雅。一般咖啡送上来的时候，旁边还会放上一杯水。喝完咖啡以后要喝点水，以防喝到咖啡渣呛到嗓子。

我们和将军边喝咖啡边聊天。将军在我们面前显得相当随和，我们的话题也就多了起来，天南海北，无所不谈。话题逐渐转到中土关系上，这时将军说的一席话顿时使我们倍感温暖，一下子拉近了彼此的距离。他说，我们两国虽然相隔千山万水，但心是相通的，因为我们都是东方人。土耳其人虽久居西亚，但风俗习惯、性情性格都还是东方式的，因而对东方人尤其是中国人，总有一种说不出的亲近感。

他说，土耳其人同中国人一样，都是热情好客的民族，也都是友好坦诚的民族，因而相处起来很快就可以做到水乳交融。他说他喜欢中国，喜欢中国人民，喜欢中国文化，也对中国改革开放以来的迅猛发展深感钦佩。土中两国人民在历史上就是邻居加亲戚的关系，现在我们应该多了解、多联系、多交往，把这种友好关系世世代代传承下去。这些话说到了我们的心坎上，我们连连点头称是。

不一会儿，饭菜已准备停当，在将军邀请下，我们坐上了饭桌。菜品都是典型的土耳其食品：葡萄叶卷米饭、拌茄泥、核桃鸡丝、大芸豆汤、杂拌生菜等，当然还少不了土耳其饭桌上的常客——烤羊肉串。喝的则是土耳其人钟爱的腊克酒，这种45度的白酒以葡萄和茴香酿制而成，其最大的特点就是喝的时候要兑上等量的水，这时杯中的酒会神奇地变成白色，因而得名"狮子奶"。它的味道有点特别，乍一接触的人会有些不习惯，甚至会觉得它有点像咳嗽药水，但喝惯了还是可以接受的。这种酒还有个特点，由于它里面有茴香，因而具有暖胃的作用，不像一般的酒那么伤胃。就因为这一点，土耳其人尤其是男人对之钟爱有加，当然宴席上也就少不了它。

吃完饭，将军还特地邀我们上楼，参观他收藏的中国工艺品，其中有瓷器、漆瓶、景泰蓝等，还有一幅仿制的中国古画，好像是《清明上河图》的局部。虽然样数不多，在我们看来也没什么精品，但作为一个外国人，能收藏这么多件中国工艺品，也实属不易。这足以表明，他对中国和中国文化的挚爱并非一句空话。从他如数家珍般的介绍，就可看出他对这些中国工艺品是如何看重和喜爱，又是如何为这些藏品感到自豪。最让我们感到意外的是，藏品中居然还有一个空的茅台酒瓶。将军介绍说，酒喝完了，但这个酒瓶却舍不得扔，因为它设计得太漂亮了，简直就是一件艺术品。他说，只有中国人才有如此的聪明才智，把酒瓶设计得如此精致独到，他要将之永远珍藏。听了他的一番介绍，我们不禁为之动容。

由于还有其他的活动安排,我们不便久留,聊了一会儿以后,便与将军互道珍重,挥手作别,离开了那座小楼。回想起刚才的情景,我们深为感动。可以看出,将军爱茅台,更爱中国文化,他喜欢美酒,更由衷地赞美中土两国人民之间历史悠久的友好关系,并希望为这一关系的发展而努力。这种友情发自肺腑,至真至诚。

现在,老将军虽已去世多年,但他对中国文化的喜爱和对中国人民的友好感情将永远留存于我们心中。

忆三位土耳其朋友

吴克明（中国前驻土耳其大使）

我作为懂土耳其语的外交官，在土耳其工作过十来年，土耳其的锦绣河山、名胜古迹、风土人情给我留下了深刻印象。

长篇小说家亚夏尔·凯马尔

1988年7月底，一个盛夏的周末，我们总领事馆的工作人员到伊斯坦布尔黑海边的基利奥斯海滩休闲。我在空荡荡的海滩上漫步，见迎面走来一位身材魁梧、戴着墨镜的土耳其人，感到特别面熟。噢，我想起来了！他不是我久仰的土耳其著名长篇小说家亚夏尔·凯马尔吗？于是，我主动走上前打招呼，自我介绍说我是中国驻伊斯坦布尔总领事。还未等我问，他就说他是亚夏尔·凯马尔，在这里度假。

长篇小说作家亚夏尔·凯马尔

我还在北京广播学院外语系土耳其语专业读书时，就有机会拜读过亚夏尔·凯马尔的长篇力作《瘦子麦麦德》，被小说中那情节曲折的故事和丰富生动的语言所吸引。我如饥似渴地认真阅读，做了满满一本笔记，感到既了解了土耳其农村的情况，又学到了课堂上学不到的地地道道的土耳其语，对作家充满了崇敬之情。时隔四分之一世纪，我与心仪已久的作家不期而遇，这也许是一种缘分吧！我决定尽快登门拜访。

1988年8月26日，我往访作家。他住在伊斯坦布尔郊区的一个村子里。给我开车的是一名土耳其司机，我满以为他是当地人，应该熟门熟路，不料他也不认路，一口气几乎开到了希腊边境，于是只好退回来边问边找，到达作家家里已晚了一个小时。我一再向主人道歉，作家却说："没有事，反正我在家看书。一次，有一位朋友来访，差一点到了保加利亚边境的埃迪尔内，晚到了两个小时。"这话显然是宽慰我的。

作家夫人为我们准备了丰盛的午餐。她已把丈夫的17部著作译成英文出版。她具有比利时血统，外祖父从西班牙来，在奥斯曼帝国皇官里任御医。我们谈得非常亲切、随便，好像不是"第二次握手"，而是如土耳其俗话所说是"40年的老朋友"。

1989年1月9日，伊斯坦布尔大雪纷飞，这使很少见到大雪的当地人欣喜若狂，我却忧心忡忡。因为这天我在总领馆设午宴招待亚夏尔·凯马尔夫妇，我担心作家从乡下老远而来不好走而爽约。令我喜出望外的是，作家夫妇冒雪如期而至。

之后，我们又在各种不同场合有过几次接触。

亚夏尔·凯马尔1923年出生于土耳其南方穷乡僻壤的丘库洛瓦地区，父亲是个农民。他从小在地主家干过摘棉花等农活，对无地少地的农民深受地主剥削压迫有切身感受，对家乡的父老兄弟有深厚的感情。由于生活所迫，他不得不辍学，在地主的大庄园当过长工，还当过代课教师、当过兵，干过40多种职业，历经磨难。1951年，他进入当时土耳其第一大报《共和国报》当记者，在广大农村采访12年，丰富了生活和创作的源泉。

亚夏尔·凯马尔热爱具有浓重乡土气息的口头文学。他唱诗、讲故事，收集民间流传的神话、传说，从群众中汲取无穷的营养，逐渐走上了文学创作的道路。1945年，他的第一部长篇小说《丑恶的故事》面世。1947年，他开始创作长篇巨著《瘦子麦麦德》，1954年完稿。到上世纪80年代,《瘦子麦麦德》已写了4部。《瘦子麦麦德》描写青年农民麦麦德不堪地主的剥削压迫而起来造反的故事。麦麦德个子不高,瘦得像一支枯草,但他精明顽强,与恶势力斗争不屈不挠。作家说,由于人们对旧社会强烈不满,世界上许多地方在造反,中国的毛泽东就是造反的带头人。麦麦德这个艺术形象被文学评论家称为"觉醒的唐·吉诃德"。《瘦子麦麦德》荣获土耳其小说大奖。1955年,联合国教科文组织决定将这部小说作为世界最优秀的文学著作推荐给全世界。该小说已译成包括中文在内的23种外文在世界各国发行,在瑞典再版14次,英国再版10次,在其他西方国家再版5—6次。在挪威,印数达115000册。

在漫长的创作道路上,亚夏尔·凯马尔还写出了《山坡上的石榴树》《中流砥柱》《铁匠铺里的罪行》《伏天》《长生草》等作品。他的另一部巨著《铁地铜天》也是描写土耳其农村生活的。作家对我说,20世纪30年代,他老家连年遭遇罕见的干旱,田地绝收,饥饿肆虐,农民以树叶充饥,好多人离乡背井,流落他乡。信教是饥饿的人们寻找精神寄托的办法,于是,以"真主使者"面目出现的骗子来了,信以为真的农民还凑钱供养他。这样的骗子出现了好几个,直到天降甘霖,旱灾过去,大地丰收,人们再也不给"真主使者"上供。一名假神仙因行骗不灵、生活无着而自杀身亡。作家充满深情地说:"我对国内数百万人在受苦受难无法忍受。国家在流血,我不能袖手旁观!"他把自己的爱与恨,把满腔的激情,把丰富的生活经历写进了小说。他说:"写长篇小说就是我的生活。我白天黑夜都在构思长篇小说,构思时我很兴奋,下笔时别有情趣。"60多年来,亚夏尔·凯马尔已创作了30多部长篇巨著,被国际上称为"文学大帅""文学巨匠"。其作品被译成36种文字在世界各地出版发行。他多次在国际上荣获文学奖项。

一颗光彩熠熠的艺术巨星——记土耳其摄影大师萨米·居内尔

当听到土耳其电台播出土耳其著名摄影家萨米·居内尔因车祸逝世的噩耗时，我只觉得脑子"轰"的一声。我十分惊愕，简直不相信自己的耳朵。

我认识萨米·居内尔大师是从他的力作、大型摄影画册《土耳其》开始的，这是大师的好友、前国务部长梅赫梅特·厄兹居奈什先生赠送我的珍贵礼品。厄兹居奈什先生不无骄傲地向我介绍说，萨米·居内尔是土耳其最著名的摄影艺术大师，从事摄影事业半个世纪，出版过各种作品50来本，在40多个国家举办过展览，获得国内外许多奖励。他以全部身心投入到自己钟爱的事业中去，祖国的大地上，无处不印有他的足迹。为了摄影，他把生命安全置之度外。在直升机上，他把身体探出机舱，摄录下无数精彩的镜头。那时，我刚到使馆工作不久，还没有机会在土耳其观光游览。他的画册为我打开了一个绚丽多彩的世界：宣礼塔高耸入云的清真寺，饱经沧桑的古罗马遗址，飞架欧亚两洲的大吊桥，那一人一物、一山一水、一草一木，无不栩栩如生，呼之欲出。我欣赏这部巨著，对摄影家充满了崇敬之情。

翌年，安卡拉国家艺术画廊举办他三次访华的摄影作品展览，我第一次有机会一睹他的风采。他虽然年逾古稀，却鹤发童颜、精神矍铄，讲话铿锵有力。他给一幅幅作品倾注了自己的生命，不断攀登艺术高峰又使他焕发出青春活力。观众从他的佳作中领略了中国北京、西安、上海、杭州、苏州、广东、桂林等地的旖旎风光。人们驻足观赏，流连忘返。他说，中国的风景美，中国人的心灵更美。他在中国看不够、拍不够。为了把最美好的感受带给土耳其同胞，在黎明前，在晚霞中，在山巅上，在大江边，在人流如潮的街道，在熙来攘往的

人物篇

摄影艺术大师萨米·居内尔

集市,他耐心等待,有时一等就是两三个小时,捕捉最精彩的场面。被北京庄严雄伟的气魄所激奋,他不顾危险,骑跨在北京饭店高楼的阳台栏杆上,拍下了古老又年轻的中国首都的新貌。

1988年我任驻伊斯坦布尔总领事后,和他有了更多相见的机会,我成了他家的常客。他家就在海峡大桥附近,我凭落地窗而坐,海峡的滚滚碧波就在窗前奔腾而过,各国船只争流于水光山色之中。我赠他一本大型画册《锦绣中华》,他如获至宝,爱不释手。他兴致勃勃地翻阅着，不时高兴地叫着："这里我去过！太美了！"他回忆在中国度过的日日夜夜，深情地说："我还要去几次中国！"他给我们夫妇放映他摄制的幻灯片《前进中的中国》。在悠扬的中国民乐声中，我们随着他的镜头，似置身于亲爱祖国的大好河山之中，感到分外幸福、骄傲。他夫人、著名钉子画家端来了亲手做的点心，热情洋溢地说："我们家就是你们的家。我们不把你们当外人。"是的，他家里挂的中国画、陈列的中国工艺品，甚至许多玉石印章，他摄制的关于中国的幻灯片和照片，更重要的是他们夫妇对中国的友好情谊，使我们感到如回到家里一样亲切。

他说，他要向土耳其人民介绍中国。他正是这样做的。他带着昂贵的放映机，带着精心摄制的作品，不辞辛劳，奔走在土耳其全国的许多城镇，办展览、讲观感、放幻灯，乐此不疲。一次，他在伊斯坦布尔一个文化中心放映《前进中的中国》，虽然连放两场，大厅内外仍然挤满了观众，人们不肯离去。他理解大家，又接着为大家加映。他深情地对观众说："我已去过中国几次。这些片子倾注了我对她的无比热爱。中国这么大、这么美，变化又这么快，我这双笨拙的手、这个小小的镜头怎么可能反映她的全貌呢！我建议大家亲自去看一看。"在我们总领馆和伊斯坦布尔醒狮会联合举办的"中国晚会"上，他应邀放映了自己的作品。人们从中看到了金碧辉煌的天安门、紫禁城，气势磅礴的万里长城，胜似天堂的西子湖，仙境般的桂林山水，无不啧啧叫绝。放映结束后，在热烈的掌声中，人们争相向他祝贺、致谢。我也情不自禁地与他热烈拥抱。

1990年初，中国人民对外友好协会邀请他偕夫人、女儿于5月访华。不料，3月初他住院动手术。我赶到医院探望。他刚从麻醉中醒来，上面吊着输液瓶，下面尚在引流。他强忍着伤痛，却念念不忘访华，其急切心情，好像这是他第一次而不是第四次去中国。他说："我到过许多国家，中国是我最向往的地方，我爱她、想念她。介绍中国是我的义务。我要通过摄影让我的同胞看到中国的锦绣河山和人民朝气蓬勃的生活，使土、中两个民族相互更加了解和接近。我一定要在有生之年去中国拍摄下更多的美景留给后人。"在又一次探视中，我为他送去了我夫人亲手包的馄饨，这是他喜欢吃的中国食品。他拉着我的手，热泪盈眶，激动地说："你是我的兄弟，中国人民都是我的兄弟！"

5月初，他虽然术后身体虚弱，仍如期踏上了访华的旅途。他不顾75岁高龄，每天起早贪黑工作，连好客的主人的宴请都谢绝了。他两次攀登庐山仙人洞，在九华山步行7华里，登上黄山光明顶、飞来石等险要景点拍摄云海。他回国后，找我去观看他新摄制的幻灯片。他说："从上次访华以来的四年里，中国发生了很大变化，到处是一片新气象，人民生活水平明显提高，市场繁荣，物价稳定，各种商品应有尽有。"他为北京亚运村的宏伟壮观而惊叹，对深圳特区发展之快赞不绝口。他把对中国的深情厚谊化作一幅幅佳作，在安卡拉、伊斯坦布尔、伊兹密尔、布尔萨等地展览放映。他对观众们说："我们都幻想过亲眼看一看中华人民共和国这个神话般的国家。我有幸访问过这个国家4次。希望通过我的展览向大家介绍中国，她的自然美景、风土民情，她的勤劳、勇敢、乐观、智慧的人民，她的建设成就。但是，要想通过几张图片把占亚洲大陆一半、有10亿人口的这么个大国反映出来，除非是魔术师。"

作为土耳其人民的友好使者，他的摄影展在我国几大城市举办过，受到我国摄影家们的高度评价。他夫人的钉子画展使我国观众感到耳目一新，我国电视台重点作了介绍，先后播放4次。1990年，他参加中国影协举办的国际摄影比赛，在43个国家、2500位摄影家的12500幅作品中，他以一幅《阿勒山的生活》夺冠。奖品寄出的消息传来，他翘首以待。他说："我对中国怀有特殊感情。中国的奖品非同寻常。"收到奖品后，他喜不自胜，马上表示要举行一个发奖仪式，请记者采访报道。但由于他忙于筹备布尔萨、博卢的影展,仪式未能举行。谁会想到,这竟成了再也无法弥补的遗憾。

一颗璀璨的艺术明星陨落了。但是,萨米·居内尔为促进中土两国文化交流和两国人民的友谊所作出的卓越贡献、他崇高的精神,将永远为中国人民所铭记!

忘年交阿德南

(一)

1991年,北京。

我打开录音机,听到一个熟悉的土耳其青年的讲话声:"亲爱的叔叔,您就要回国了。我真不愿意您离开这儿。我会经常想念您的……"

这位青年叫阿德南,当时是一名高中生,是我多年的一位"小朋友"。听着他那纯真、亲切的声音,与他交往的情景又浮现在眼前。

那是1988年盛夏的一个下午,当时我在伊斯坦布尔任总领事,传达室通知我有位青年来访。我边走边猜想来客会是何人。到了传达室,一位挺拔英俊的小伙子朝我走来,伸出手激动地叫道:"叔叔,您还记得我吗?"我握着他的手,仔细端详:一头天生的波浪式黑发,白皙的脸洋溢着朝气,明亮而深邃的大眼睛透着机灵,高高的鼻子,黑黑的双眉,长长的睫毛……我认出来了!"啊!阿德南,是你啊!我几乎认不出你了!"

我是在数年前认识阿德南的,那时我在安卡拉工作。一天,一个眉清目秀、白白净净的男孩来到我们办公楼门口,腼腆地说,他是个5年级学生,课文中正讲到中国,老师要求学生每人讲一件有关中国的事,因此来求中国叔叔帮忙。我为他的天真纯情所感动,搜索枯肠,给他讲了"哪吒闹海"的神话,使他如愿以偿,满意而去。这个可爱的小学生就是阿德南。过了几天,阿德南高高兴兴地来表示感谢,说

人物篇

吴克明夫妇（左2、4）与阿德南（右2）一家合影。

他讲的"哪吒闹海"把全班同学都吸引住了，评选得了第一名。从此，阿德南不时来访，有时问一些关于中国的问题，有时索要一些中国的书刊画片之类，有时看一段介绍中国的录像，对中国表现出格外的兴趣。逐渐地，他成了我的忘年交。

阿德南多次邀请我到他家做客，我盛情难却。那是初秋的一个星期日下午，天高云淡，金风送爽，我们坐在他家树影婆娑的院子里，一边喝着红茶，品尝他奶奶精心制作的菠菜奶酪馅饼，一边热烈交谈。一种温馨的家庭氛围，其乐也融融。他奶奶说："在阿德南心目中，一个是自己的祖国，一个是中国，都不许别人说一点不好。希望您在这里不感到孤独。我们家就是您的家。"

岁末的一天，阿德南冒雪而来，说学校要举行化装舞会，他想装扮成中国人，但当地买不到现成的中国民族服装。他想要他妈妈自己制作，却没有衣样，因此又来找我帮助。我翻阅了一些画报，参照我国舞蹈、杂技演员的服装式样，画了一套汉族对襟衣服的图样。两天后，阿德南带来了他妈妈亲手缝制的新衣，在我面前试穿。我一看，上下一色白人造丝衫裤，衣边、领口、袖口、裤脚都有两道红色贴边，腰围一根红底金边宽带，与他那俊秀稚嫩的脸庞和修长的身材十分相称，显得朴素大方、亮丽明快，活脱脱一个中国美少年的打扮。

阿德南小学毕业后，随父母到了伊斯坦布尔市读初中。从此，我与他天各一方，失去了联系。

几年后，我去伊斯坦布尔市工作，想不到我们久别重逢。"物换星移几度秋"，当年满脸稚气的儿童已长成身高1.75米的帅小伙子。阿德南说，他去伊斯坦布尔后，曾给我打过电话，不巧的是我回国了。他没有留下我在北京的通信地址，因而直恨自己粗心。他说，他时常想念我这个中国叔叔，我送给他的书刊画片，他都珍藏着，一片纸也舍不得丢掉。他是从报纸上得知我来伊斯坦布尔工作的消息，赶紧来找我的。已是高中生的阿德南了解中国许多情况，什么改革开放、商品经济，什么兴安岭大火、安徽水灾，还有亚洲运动会、申办奥运会……真是一个小小的"中国通"。

阿德南有志于当飞行员，对航模格外爱好，只是他家境清贫，他不想加重家里的经济负担，于是利用课余时间到餐馆或商店打工，自己挣钱买航模零件。他说，他一定要驾机飞到中国去，亲眼看看闻名世界的万里长城，饱览中国的名胜古迹……我对他说，你的美好理想一定能实现。

阿德南是个重感情的孩子。一天，他来看我，手捧一盆盛开的鲜花，盆花用透明的塑料纸包着，顶端还结了一根彩带。我正纳闷，他神秘地一笑说："祝您生日快乐！"我这才恍然大悟。他还说，我一人在国外，让这盆鲜花与我做伴，为我的生活增添乐趣。我接过他用打工挣来的钱买的这盆鲜花，为他的深情厚谊所感动。我把这盆来之不易的鲜花放置在案头，每天喷洒浇灌，见其叶茂花红，经久不败，别有一番情趣。

"相见时难别亦难"，我将要离任回国，阿德南很是依依不舍。他说，通过我，他了解了中国，了解了中国人民，他喜爱中国，喜爱中国人。他说："我为有一个中国叔叔而骄傲。您回国后，我反而会不习惯的。"他执意要到机场送行，我再三劝阻。我启程回国那天，阿德南还是从家里赶来。由于路远，加上下雨，交通堵塞，他倒了几次车，有时还要奔跑，因而汗流满面，我见状很过意不去。他倒很开心，不谈离情别意，却说："我为您高兴，因为您将结束异国他乡的生活，能与家人团聚了。"他从口袋里掏出一盒录音带，微笑着说："这是昨天晚上我赶录的。您回国后，当您想听我说话时，请您打开录音机，录音机里的我会同您讲话的。"

我接过带有他体温的录音带，眼睛发热了。

（二）

1995年，我出任驻土耳其大使。到任后，对内对外事务很多，但我仍然很想尽快见到阿德南。一天，在一位青年馆员的陪同下，我凭记忆到阿德南家所在地找他，希望给他一个惊喜。不料，那里既无平房，也无院子，更无大树，只有鳞次栉比的住宅楼，真是"沧海桑田"！乘兴而去，败兴而归。后来，我们还是通过电话联系上了。原来，在他家院子所在的地方，几家亲戚合资建起了一栋住宅楼，阿德南家就在三层。我去的那天，阿德南在楼下接我。他妈妈做了馅饼、葡萄叶卷等土耳其风味的食品，使我大饱口福。我喜欢土耳其饭菜，几年不吃，真是非常想念呢！阿德南让我到他的房间坐坐。房间干净、整洁，床头柜上小镜框里镶着我与他的合影，小书架上放着以前我送他的中国书刊，使我立刻回想起我们当年相识交往的情景。

阿德南见我一个人赴任，夫人留在国内，担心我寂寞，时常来看望我。有时，我留他吃饭，我们一起包饺子，我还教他炒西红柿鸡蛋。虽然我们吃得极为简单，但是非常愉快。

1997年年中，在我举行的离任招待会上，阿德南全家都来为我送行。随后，我离开土耳其，到澳大利亚悉尼任总领事。从此，我与阿德南又天各一方，只靠书信和电话保持联系。

与他分别 3 个月后，我在悉尼收到他的来信。他说，自从我离开安卡拉后，他特别想念我，时常看我们的合影。在路过中国使馆时，他总是回忆起我们共同相处的快乐时光，更增添了对我的想念之情。"当我意识到也许再也见不到您时，我十分伤心。不过，也很怪，上天总是让我们重逢，希望他再次这样做，免得让我老是想念您。"这年除夕的上午，阿德南给我打来电话，我一看时间，正是土耳其的半夜。他说，他就想听听我的声音。

从土耳其到澳大利亚，一封信往往要走半个多月。1998 年年中，我在悉尼收到了他 17 天前寄出的信。他在信中自责犯了"懒于写信"的"老毛病"，"但是，您以为我会忘记您了吗？您会以为我对您的爱减少了吗？不，相反，自您离开后一年，对我来说，好像过了四五年一样长"。

土耳其实行义务兵役制，每个适龄青年都得参军，不论在什么岗位，否则不能就业。阿德南梦想当个飞行员，不料却当了个水兵。一天，我又收到了他的信，寄自土耳其南方地中海之滨的卡什。拆开信，我看到照片上阿德南穿着海军制服，英姿勃勃地与战友们一起在舰艇上执勤。他说当水兵很愉快，他喜欢卡什的美丽风光，也喜欢部队里上下级之间的融洽关系。从他后来几次来信中我了解到，他在服役期间执行海上巡逻和救援任务，曾截获过偷渡船，缴获过走私物品，立过功，被媒体报道过。同时，他利用业余时间自修大学课程，英语大有长进。我为他高兴，感到这孩子长大了。

2001 年，我已回到外交部，有了出差土耳其的机会，想到又能与久别的阿德南见面了，真是激动不已。震惊世界的"9·11"事件前一天，我抵达土耳其首都安卡拉，这是我工作、生活过 7 年的地方，旧地重游，我思绪万千。吃过晚饭，阿德南如约来到我下榻的饭店。比起 4 年前，他似乎更清瘦一些，因此，也显得更加英俊和成熟。我们久久地紧紧拥抱，互说"真想你"，陶醉在久别重逢的喜悦之中。

他刚于这年 5 月退伍。他说："我们还是很有缘分的。1986 年我们举家从安卡拉迁到伊斯坦布尔,以为从此再也不能相见。不料,1990 年我们又在伊斯坦布尔重逢。1991 年您离任回国,过了 4 年,又重返安卡拉当大使,这时,我们家也正好迁回安卡拉。1997 年您去了澳大利亚,后来回到中国,恰巧又过了 4 年,我们又相会了。算起来正好 4 年一逢。这不是缘分又是什么呢?再说您今年来得正是时候,要是上半年来,我还在服役,那我们也见不了面。可惜您这次在安卡拉停留的时间太短,我们不能促膝长谈。但是我相信我们有缘,我们一定会再见面的。"我说:"我也相信。希望下次在北京见到你。欢迎你到我家做客。"

阿德南仍然关心中国、热爱中国。他问我关于中国的许多问题,例如为什么社会主义在中国能继续存在下去,为什么中国能以 8% 的年增长率持续发展,为什么中国在世界上的影响越来越大,等等。我告诉他,我们是根据中国国情实行改革开放,建设有中国特色的社会主义;中国政局稳定,人民团结,这是国家持续发展的前提和保证;中国领导人非常英明,把经济建设作为头等大事来抓,把发展经济作为国策,把人民的冷暖时刻装在心里,切切实实为百姓办实事、办好事,所以,中国的面貌日新月异,国力不断增强,人民生活水平不断上升,国际地位大为提高。

夜深了,我送他离开饭店。我们边走边谈,走了很远,似乎还有说不完的话。我们紧紧拥抱,互道珍重。回到饭店,我觉得原来还嫌窄小的房间显得特别空荡,心里十分失落。

2006 年,我又有机会出差到土耳其,但是只去伊斯坦布尔。抵达后,我给阿德南打电话,告诉他这次我不去安卡拉了。不料,他立即表示马上乘火车到伊斯坦布尔看我,令我十分感动。翌日一早,阿德南下了火车直奔我下榻的希尔顿饭店,我们共进早餐,又一起到他妹妹那里去聚会。他妹妹是个话剧演员,在伊斯坦布尔演艺界小有名气。我们聊啊聊啊,只觉得时间过得太快。无奈我上午还有活动安排,只好匆匆道别。

阿德南就是这么个重情重义的孩子。

老沙一家

刘立军（中国机械设备进出口总公司前驻土耳其首席代表）

我与老沙一家人的相识，还要追溯到1990年。

"不得了"

1990年元旦刚过，我便飞赴中国驻伊斯坦布尔总领馆工作。

一个多月后，中国国家摔跤队应邀来土参加摔跤邀请赛。馆领导安排我负责陪同摔跤队参加伊斯坦布尔的相关赛事。

摔跤队飞抵伊市那天，我一早便匆匆赶往机场。由于我刚刚来土不久，人地生疏，一路稍有耽搁。待我赶到机场进入大厅时，摔跤队已经步出了行李厅。

我远远看到他们正围着一个人在说着什么，便疾步向他们走去。这时，他们当中的一个小伙子（大概是团长的助理）看到了我，也立即向我奔来。

待我自报了家门，他立即拉着我，迫不及待地说道："不得了！不得了！"遂指着大家围绕的那个人说："那边一个土耳其小伙子，说是我们中国队的陪同。"

我不觉一愣：没听说组委会为我们安排专职陪同呀！

"而且，"助理接着说，"这小伙子竟然会说中国话！"

没等我回过神儿，助理又急急地补了一句：

"山东话！地道的山东话！"

我彻底地惊诧了。

我随着助理向人群走去。见了团长和队员们,稍作寒暄,我便转向那位土耳其青年。小伙子一米八几的大个儿,脸庞英俊,体型健硕,不夸张地说,相当标准的模特胚子。他握着我的手,指着自己的胸卡说:"你好!俺叫凯马尔,是组委会派来专门为咱中国队服务的陪同。"

果真一口地地道道的山东话!

来不及过多地询问,我俩便带着摔跤队,乘车前往下榻的饭店。

为代表团安排好房间,趁大家进房间短暂休整的时间,我与凯马尔坐在大堂闲聊起来。大概是因为初次相识,双方多少有些拘谨。说起自己的身世,凯马尔只是说,他的父亲是土耳其人,母亲是中国人,他们一家在中国济南生活了20多年,他家兄弟姐妹四人都出生在中国,1976年举家返土,但大哥仍留在中国,姐姐与一香港人成婚后定居德国,目前只有他和弟弟与父母一起生活。

这时,我才注意到,凯马尔的眉宇之间确实透着东方人的一些特征。

赛事进行了四天。这期间,我们与凯马尔朝夕为伴,相处得十分融洽。凯马尔对我们的队员非常热情,工作认真负责,无论在赛场还是饭店,无论正式活动还是游览购物,他总是跑前跑后,忙上忙下,为赛程疏通联络,为大家排忧解难。代表团对凯马尔的工作十分满意,提起他,大家无不交口称赞。我来领馆刚刚月余,情况生疏,两眼一抹黑,单独承担这样的工作,自然是困难重重,多亏凯马尔给了我极大的帮助,才得以圆满完成了任务。

代表团的下一个行程,是前往土耳其摔跤运动的中心——屈塔希亚省进行训练比赛,凯马尔将与我分手,继续陪同中国摔跤队直到训练比赛结束。凯马尔的家就在屈塔希亚省的一个小镇。他告诉我,因为听说中国队要到自己的家乡来,他特意向他工作的医院请假,找到省政府的主管部门,坚持要求作为志愿者为中国队提供义务服务。因为他特殊的身世背景,加上他的真情与执着,省政府和组委会最终满足了他的愿望。

即将分手之际，我俩站在饭店前的过街桥上，望着不远处的嘎莱利亚购物中心，依依话别。凯马尔说，他出生在中国，在那里度过了自己的童年时光。那是一段刻骨难忘的美好时光。回到土耳其已经十多年，他仍然十分留恋当年在济南的生活和那里的同学、伙伴们。他十分想念中国，想念济南。这次能与中国代表队在一起，虽然时间短暂，但是实现了他多年的愿望。话语间，我从他的眼神里读出了一种深深的眷恋之情。

分手时，他又对我说："俺家与中国使领馆一直保持着联系。俺父亲叫沙拉丁，提起老沙，使领馆的领导们都知道。"

我们相约再见。

回到馆里，与领导、同事们说起来，我才知道，原来，因为朝鲜战争的缘故，沙拉丁先生辗转来到中国，并决意留在了中国。这一留，就是20多年。20多年里，他娶妻生子，成家立业，与中国，与身边的中国同事、朋友邻里结下了深厚的情谊。他工作出色，为人朴实，诚恳热情，乐于助人，大家都亲切地称呼他"老沙"。70年代回到土耳其后，老沙一家仍与我使领馆常有来往，历届使领馆领导也十分关心老沙一家的生活，经常给予他一家必要的帮助。

我在领馆工作期间，老沙曾两三次来领馆做客，但阴错阳差，每次他来，都赶上我在馆外奔忙，直到1993年我离任回国，竟一次也没能与老沙相见。这在我心中留下了深深的遗憾。

"真是不得了"

光阴荏苒，三年之后，我再次来到土耳其，担任公司承建的土耳其煤矿机械化综合采煤成套工程项目的现场经理。这个项目涵盖了土耳其屈塔希亚省欧麦莱尔煤矿和马尼萨省索马煤矿两套井下机械化综合采煤成套设备的设计制造、安装运行。这是土耳其首次引进和使用机械化综采设备，是中国的综采设备首次出口国外，也是当时中国企业在土耳其承建的最大的EPC（总承包）项目。

完成了国内的所有设备制造与发运工作之后，我于1996年12月底来到土耳其。元旦前夕，我从伊斯坦布尔驱车300余公里，在一片夜色中来到屈塔希亚省欧麦莱尔煤矿招待所。此时，已经有石家庄煤矿机械厂的5名工程技术人员先我10余天到达这里，开始了前期的工程准备工作。

与大家见了面，还没说上几句话，王工便突然对我说："真是不得了！""怎么啦？"我问。"你知道吗？我们来这儿没两天，突然有一个土耳其小伙子跑来看望我们。见了面一张口，他说一口地道的山东话！我们都惊呆了。"

屈塔希亚——凯马尔——老沙！6年前的那段回忆立时浮现在我的脑海之中。"他叫凯马尔？""不，他叫阿里。"王工接着说，"他家就在前面的塔乌珊勒镇，父亲是土耳其人，母亲是中国人，从小生长在山东济南，70年代才回到土耳其。"听到他这番话，我马上明白了，这肯定就是老沙一家！阿里，应该是凯马尔的弟弟。

第二天傍晚，饭后回到宿舍，我正伏案整理与国内的往来函电，只听走廊里传来王工与一山东口音的人在对话。不猜便知，这必是阿里了。我打开房门，王工已经拉着阿里向我走来。阿里不像凯马尔那样高大英武，但比哥哥更加分明可辨的，是那融合着中土两族血缘的脸庞。有了之前的思想准备，与阿里虽是初次见面，我却没有太多的惊异与陌生，反而有着几分一见如故的感觉。我们坐在一起，聊起了他的爸爸、妈妈，聊起了6年前我与凯马尔的相遇相识。阿里说，妈妈听说矿上来了中国人，高兴得睡不着觉，带话给大家，请大家一定来家里做客。我也急切地想尽快见到屡未谋面的老沙夫妇，见到分别6年的凯马尔。

周末，阿里特意开车来接我们。带上在土耳其见不到的中国挂历、香油酱油，我们如约来到沙拉丁的家。

知道我们要来，老沙夫妇已经早早地站在门口迎接。

初见老沙，给我留下的印象极其深刻。老人不算魁梧但身材高大，腰板挺直，一头花白头发，满脸和善可亲的笑容。而且，让我比初见凯马尔时更加惊诧的是，老沙居然也是操着一口山东话！

那个时候，大多数中国人对土耳其还是十分生疏，生疏到很多人在地图上都不一定能找得到它。然而，就在这样一个万里之外的陌生国度，在这陌生国度的一个远离都市的偏僻小镇，一位看上去极为普通的土耳其老人，却用一口地道的山东音迎接远道而来的中国朋友，简直无法想象这是一幅多么神奇的画面！

老沙的夫人周女士见到我们未曾开口，眼泪竟先止不住扑簌簌地掉了下来。她紧紧拉着我们的手，声音带着哽咽："来土耳其20多年了，第一次在这里见到咱们中国的亲人哪！真是想也想不到呀！瞅见你们，就像见到家里人一样呀！"

双手抹去眼角的泪花，老两口拉着大家走进房间。周女士大把大把地往我们每个人怀里塞着水果、糖果、瓜子，"吃呀吃呀别客气呀，这就是你们的家呀！"老沙也憨笑着给我们端茶、点烟，热情地招呼着大家。

谈笑间，凯马尔带着妻子女儿也赶来了。感怀着6年后重逢的喜悦，我与他紧紧地拥抱在一起。

现在回想起来，我仍然觉得难以想象。与老沙夫妇虽是初次相见，却似乎没有丝毫的陌生、拘谨。亲密而如此无间，就像是久别的家人一朝相聚。我想，这就是缘分吧。

这天，我们在老沙家坐到很晚，周女士还是舍不得我们离去。起身告别时，周女士拉着我们不停地嘱咐：一定要常来家里坐坐！

自那以后，周女士和老沙时常让阿里与我们联系，邀请我们去他

2000年,刘立军(右1)等与老沙一家合影。后排左4为老沙,左5为周女士,左3为阿里,左6为凯马尔。

们家作客。

我们的工程现场施工任务十分繁忙,相距近300公里的两个煤矿现场同时开始施工,我也要经常在两个现场之间往返奔波。但是,闲暇时,我和项目现场的同事们时常到老沙家,与他们一家围坐在一起,喝茶聊天。

无论天南还是海北,聊来聊去,我们的话题最终都会不由自主地转到他们一家的中国往事上。每每提起这些往事,老沙两口子总是眉飞色舞,滔滔不绝。周女士是典型的山东人,性格开朗爽直,谈笑风生,一副山东人特有的大嗓门,不时地冒出些诙谐,抖出的笑料更是引得大家忍俊不禁。听着老伴讲述那些陈年往事,老沙会点上一支香烟，吸上一口，微微眯起两眼，脸上露出一丝微笑，情不自禁地沉浸在对往事深深的、幸福的回忆中。这神态，至今深深印在我的脑海里。

大概是在1951年间，老沙应征被派往朝鲜。他是一名汽车兵。由于不堪长官的虐待，在一个月黑风高的夜晚，他与好友将连长暴揍了一顿后，投奔了志愿军。"俺不是战俘，俺是起义！"每每提起此事，老沙毫不掩饰心底的自豪。

战争结束后，按照个人的意愿，老沙和其他一些朋友留在了中国。中国政府安排他落户济南，他在济南造纸厂当了一名汽车司机。

最初的日子里，由于语言、文化的差异，他一时难以融入这个新的生活与工作环境。工友们对这个大鼻子老外也感到陌生。但是，凭着自己朴实诚恳、热情友善的性格和踏实勤奋、吃苦耐劳的工作精神，老沙很快赢得了大家的信任。中国，敞开宽厚温暖的胸怀接纳了老沙，老沙也靠着自己的不懈努力很快地融进了这个温馨的大家。

"心情那个舒畅，浑身像有使不完的劲儿，只要是工作需要，白天黑夜地开着车跑，也不觉得累！"一种发自内心的幸福感，情不自禁，溢于言表。

已是到了谈婚论嫁的年龄，厂里十分关心老沙的婚事。领导私下征询老沙的想法，老沙委婉地表达了对周女士的爱恋之情。"为什么为什么？为什么看上了她？"我们抓住机会，紧追着老沙刨根问底。老沙面色微红，醉了一般，腼腆地憨笑着不知如何作答。周女士立刻接过话头儿："嗨！看我长得漂亮呗！"一句话引得我们哈哈大笑。老沙被大家笑得更加难为情，红着脸紧着争辩说："你们不知道，当年她是厂里出了名的铁姑娘，还是三八红旗手呢！"我们紧接着向周女士发难："您呢，您啥态度？"此时的周女士也略显得有些羞涩，她说："大伙儿谁不说他老沙人品好，工作好！"绝妙的回答又引来一片笑声。稍稍迟疑了一下，她又接着说道："当然，要嫁给一个老外，开始还真有点不大甘心，不知咋好呢！"

两人最终喜结良缘，美满的中土联姻一时传为佳话。

上世纪五六十年代，我国的经济发展和人民生活水平还很落后，但中国政府为老沙他们提供的物质生活条件仍是十分优厚的。三年自然灾害期间，政府为他们提供了充足的食品。老沙看到大家的生活都很困难，而自己却享受着丰足的待遇，心中十分过意不去，于是，他月月拿出自己的粮食肉蛋，接济身边的工友。看到有些素不相识的孩子饿着肚子，他也毫不犹豫地让周女士端出家里的饭菜给他们充饥。

70年代中期，老沙远在土耳其的老父亲因病离世。为了自己年迈的母亲，老沙一家恋恋不舍地离开中国，回到离别20多年的故乡。

初回土耳其的一段时间，老沙一家的生活遇到了意想不到的困难。土耳其政府有关部门给予他们必要的帮助，为老沙在当地矿务局安排了一份工作，使老沙一家有了基本的生活保障。我国驻土耳其使馆、领馆的领导听说了老沙一家的情况，也十分关心，经常到老沙家探望，并不时为老沙提供一些必要的经济支持。中国政府的热情关怀，深深感动了老沙和他的家人。他们也不时前往安卡拉、伊斯坦布尔拜访我使领馆的领导和工作人员，大家相处得如一家人一般。

邻里朋友们对中国都充满极大的好奇，纷纷向老沙问起中国的情况以及他们在中国的生活。每当此时，老沙、周女士总是绘声绘色地把他们一家在中国的工作、生活讲述给大家，言语中充满了对中国人民热情友好与倾心关照的感激之情。当时，也有个别别有用心的媒体找到老沙，承诺优厚的报酬，希望老沙为他们针对中国的负面宣传提供"素材"。尽管当时老沙一家的生活仍然拮据，但他丝毫不为金钱所动，总是严词拒绝。老沙说："我在中国二十几年，中国人民节衣缩食，但是却给我们提供了那么优厚的待遇。谁都不会相信，我在中国的工资比毛主席的还高！中国人民对我这么好，我绝不能昧着良心说中国的坏话！"

经过多年的努力，老沙一家的生活有了较大改善。我们见到老沙

人物篇

2015年4月，刘立军夫妇与阿里（中）在一起。

的时候，他已经从矿务局退休，凯马尔在镇医院工作，阿里则开了一家照相馆，兄弟俩也都有了自己的小家。一家人生活在一起，其乐融融。我们去老沙家做客，老周买菜买肉，为我们包饺子。看到阿里的妻子，一位年轻的土耳其妇女，飞快熟练地擀着饺子皮，我们大家都惊讶万分。她笑着说："与妈妈一起生活了这么多年，学会了不少中国饭菜的做法，也很喜欢吃中国饭！"

这么多年来，我与老沙一家一直保持着联系。虽然工作任务繁重，不能经常走动，但只要有机会，我还是会与安卡拉使馆的领导或中国朋友们一道驱车前去看望老沙一家。十一前夕，大使也总是特别邀请老沙一家来安卡拉参加使馆举办的国庆招待会。每逢新年，我都要专门准备些中国的挂历寄给他们。阿里也经常打来电话问候。每当电话里传来一声山东味儿的"哥"，老沙和他一家人的音容笑貌便立即浮现在我眼前。

几年前，80高龄的老沙不幸病逝。

2014年底，我在电话里对阿里说，打算陪使馆的领导抽时间去看望他们一家。阿里听了非常高兴。过了几天，阿里打来电话说，妈妈听到这个消息高兴得睡不着觉，马上张罗着收拾屋子，打扫卫生，准备迎接大家。但是，由于当时一项十分紧急的工作持续了较长一段时间，我没能及时成行。谁知过了不久，阿里突然打来电话，说周女士因突发脑溢血不幸去世。听到噩耗，我悲痛不已。错过了与周女士最后的见面机会，成为我一生的遗憾。

老沙，就是这样一位普通的土耳其人，因为50年代那段特殊的经历，与中国结下了一生的缘。老沙和他平凡的一家人，给我留下了难以忘怀的记忆。

结束这篇短文的时候，我已经退休离开了土耳其。行前，阿里打来电话与我告别。此时，他已经第二次来到中国公司在土耳其的工程现场，担任中土文翻译。他说他非常喜欢与中国同事们一起工作，中国朋友们也把他当作自家人一样看待，都说他是"中国人"。老沙与中国的不解之缘，通过他的后代继续绵延，这是流淌在血液里的传承。

痴情于中国的土耳其三姐妹

赵玫玫（中国驻土耳其大使夫人）

2016年初，安卡拉正经历着一个异常寒冷又十分美丽的冬季，经常漫天飞雪，不时听说谁谁感冒了，又谁谁感冒了，我也经常咳嗽嗓子疼。临近春节的一天，华人朋友小陈打来电话说，有一家土耳其三姐妹是她很要好的朋友，一直特别喜欢中国和中国文化，她们非常想见见我，想请我去她们家喝下午茶。小陈的语气很是强调了"特别""非常"两个词，又简单介绍了下她们是多么喜欢中国。我还得知，她们的父亲是土耳其国父凯末尔时代的一位知名法官。这么可爱的土耳其朋友，如果不是经朋友介绍，我不知什么时候才能碰到，更不知会不会碰到。因此，虽然三姐妹提出的日子已是中国大年除夕的前一天，还正巧是我的生日，春节前各种活动也比较多，我还是毫无异议地一口答应了。

到了那天，又是刚刚下完一场大雪，路很不好走。上午，小陈又来电话和我确认：赵老师，下了这么大的雪，下午的活动是否有变化？我说不变，下午就和翻译小刘高高兴兴地一起去了。

虽然我和三姐妹彼此从未见过面，但我们都很期盼这次相聚。我在去之前就对三姐妹和她们的家展开了想象。路上，小陈又从她们家打来电话，问我到哪里了。我能想象出她们把家里安排停当，坐在那里只等我到来的情景。

车开到了一个普通的街区，司机引我们进了一幢普通的公寓楼。按门铃之后，我像等待"芝麻开门"一样，面对着她们家门，继续着我几天来的想象。门开了，我们不约而同像久别重逢的老友，张开双臂，脸上带着喜悦的笑容，彼此给了对方一个热烈的拥抱并互相贴脸问候，完全超越了土耳其新朋友之间第一次见面的习惯礼节。

进了客厅，看到的情景则大大出乎我的想象。我知道她们都没去过中国，但我看到的却是满眼的中式家具、中式屏风、中国字画……中式屏风摆在一面墙前面，屏风前紧挨着就是餐桌。靠墙的地方大多被一个个的陈列柜和书柜占满了，还有好几个高低大小不一的中式花盆架，上面都摆放着塑像等大件中国工艺品，不大的客厅显得有些拥挤。柜子里也是稍嫌拥挤地摆满了不同材质、各式各样的摆件，其中百分之七八十是中国工艺品，有些还是相似甚至相同的。她们喜欢中国，收藏了很多中国物件，这不奇怪，但为什么要把家塞成这样？三姐妹中年纪最小的也已是奔70岁的人了，二姐行动还不太方便，这显然已影响了她们生活的便利和舒适，我不禁有些不解。

一落座，我还没有得到说话的机会，三姐妹中最活跃的三妹Nurzen Amuran女士就激情四射地讲了起来。"中国是我最喜欢的国家，中国是我们土耳其的好朋友。中国发展得这么快这么好，我们非常佩服。中国是我从儿时起的一个梦，我不知道为什么，我从小就非常向往中国，对中国有着特殊的感情。在我的想象中，那是一片神奇美丽的土地，我也爱那里的人们，所以今天中国以这么精彩的形象出现在国际舞台上，太让我高兴了。""14岁的时候，我曾经写过一首诗，发表在一本诗集里。我幻想自己到了中国，在那里和一个中国青年相爱了，后来我离开中国回到土耳其。诗里写的就是那位中国青年对情人的思恋。实际上，我是把中国比作我的情人。"说着，她就给我们朗诵了诗中的片段：

"*你是我所有感情的寄托。*

你现在在哪里啊，亲爱的？

你到底去了哪里？

丢下我一人煎熬于炽烈的爱情之火。

Nurzen Amuran 女士给赵枚枚（右）讲解她们父母的照片。

有多少天我与你的幻象相对，
来吧，咱们一起去腾格里湖泊。"

"回来吧亲爱的，回来吧，我的 Fijenya！
我是一直在等你的 Kwan Key，
一个年轻人，来自中国。"

50多年前写的诗，她居然能记得这么多！

Nurzen 讲话天马行空，一会儿就说到了小陈。"我们非常幸运地认识了你们的小陈，她不仅是我们最好的朋友，更是我们的亲人，我们现在是中国和土耳其合起来的一家人。从她身上，我们看到了中国人的优秀品德，她是优秀的中国人的代表。和她认识以后，我们更喜欢中国，更喜欢中国人了。"那天，小陈和她的土耳其丈夫及女儿也一起来了，看得出，他们两家之间的关系很亲密。Nurzen 拍着小陈

赵枚枚（右2）和小陈夫妇（左2、4）在三姐妹家中。左1为二姐Nursen Gungor，左3为大姐Gülsen Gungor，右1为三妹Nurzen Amuran。

的肩膀对我说："现在她已经是我们的女儿了。"又指着小陈的丈夫说："他是我们的儿子。"接着一手揽过小陈的女儿说："她是我们的孙女。"

一切似乎都是上天安排好了的。2010年，一生致力于汉学研究和教学的土耳其汉学界元老级人物、安卡拉大学汉学系主任布兰特·欧凯教授和一位经常往来于中土之间、对中国颇有好感的商人，为了满足社会上成年人学习汉语的需求，联手在安卡拉市中心开办了一家民营文化机构"孔子研究发展中心"。小陈和Nurzen，一个是教汉语的老师，一个是孜孜以求学汉语的学生，两颗本来相距遥远、轨道完全不同的小星星就这么相会了。欧凯教授是小陈女儿的大学老师，就把小陈请来教汉语。Nurzen路过这里，偶然发现这里新出现了一块牌子"孔子研究发展中心"，并且从告示上得知这里将要开办一个汉语班。已年过花甲的 Nurzen 第一次碰到这样的机会，虽然这机会已经迟到了几十年，但她的梦从来不曾熄灭，仿佛这机会可以让她回到几十年前，重温少年时代的爱情之梦，于是她当仁不让地报了名。

小陈很快发现，Nurzen 虽然是班里年纪最大的，但每次上课都是第一个到，到了就坐在位子上先自习，她也是听课最认真、作业做得最认真的一个，这让小陈心生好感和敬意。Nurzen 在这里共学习了两个学期，整整一年的时间。一年间，不知有多少学生没能坚持下来，不知有多少学生来了走、走了来，Nurzen 却从不缺课。一年中，大家在课间休息时经常聊天，Nurzen 发现和小陈很谈得来，很快就喜欢上了这位中国老师。就在一年的汉语学习快要结束的一天，Nurzen 邀请小陈和她的先生一起到家里喝茶。

来到 Nurzen 家后，让小陈最感震撼的是，她家里的中国元素比小陈自己家里的还要多。小陈和我一样，看到这情景感到迷惑不解，Nurzen 就给小陈讲了一个故事。当初，小陈还没有来到土耳其，有一对中国的中年夫妇在安卡拉开了一间经营中国家具和工艺品的商店。Nurzen 如获至宝，把那里当成了中国的象征之地，一有空闲就光顾那家店，陆陆续续买了一些自己喜欢的大小物件，一来二去就和店主夫妇成了好朋友。后来由于种种原因，店主夫妇不得不关店回国。为了帮助店主减少损失，Nurzen 和两个姐姐一起，竟然把店里所有的东西买了下来，全部塞到了她们的家里。这是一份何等的痴狂，才会让人有如此之大的手笔！小陈深深地被三姐妹所感动——这是我们中国人应该报答的人啊。

那次一起喝茶，小陈和先生跟她们三姐妹聊得很投机，这几颗走到一起的小星星擦出了火花。从此，每隔一段时间，大家就会互相想念，于是就约到一起喝茶聊天或一起吃顿早饭。三姐妹由于种种原因都是单身，又都膝下无子女，年老后身体又都不太好，就搬到了一起生活，以便互相照顾。小陈看到这种情况，有时就惦记她们，打个电话问问她们的近况，看看有什么需要帮助的。有次打电话时得知，Nurzen 的二姐要做个腰部的手术。而姐仨中最小的 Nurzen 也已经六十几岁了，面对这么大的手术，小陈对她们有些不放心，于是就问了手术安排在哪一天，准备到时候去帮她们一把。

手术前一天的晚上，小陈和女儿就到医院去看望安抚二姐。二姐已经 70 多岁了，对这么大的手术不免感到紧张。小陈告诉她不要紧张，并摘下自己手上镶有辟邪的蓝眼睛的戒指，戴在二姐的手上，对她说，这个戒指就是我，我的正能量都在这里，你戴着它，就不会害怕了。为了进一步帮助二姐缓解紧张情绪，进入最好的术前状态，小陈和女儿就一支接着一支地给她唱歌，表演太极拳。歌曲都是小陈在参加的一个业余合唱团学会的土耳其传统民间老歌，都是三姐妹年轻的时候爱唱的，三姐妹听得老泪横流。临走时，小陈像安抚孩子一样地告诉二姐，你好好地睡觉，积蓄体力，明天一早手术之前我就来，我会在外面等着你，你做完手术一睁眼就会看到我。

第二天一大早，小陈带着女儿就到了医院。把二姐推进手术室后，她们就和 Nurzen 及大姐一起在手术室门外等候。二姐的腰部手术比较复杂，手术持续了四五个小时，她们就一直在外面等了四五个小时。中间护士走出来通知家属，病人需要输血。小陈想，她们年纪都大了，就抽我的血吧。小陈和二姐的血型并不一致，于是二姐用了血库里的血，小陈的血还给了血库。三姐妹非常感激，受人如此之恩，觉得很过意不去。小陈开玩笑地安慰她们说，也许我的血将来会输给某位产妇，那么新生儿身体里就流着中国人的血了，这是一件多么有意思的事啊！

当二姐的麻醉药效渐渐减弱，微微睁开眼睛时，看到小陈果然在侧，顿时感动不已。二姐还无力说话，只是握着小陈的手，在迷迷糊糊的半睡眠状态中仍然不放。此后，二姐一直对小陈在这次手术中为她所做的一切感激不尽，逢人便说，那个很普通的蓝眼睛戒指也一直

人物篇

三姐妹在小陈女儿的婚礼上。左 1 为二姐 Nursen Gungor，左 2 为三妹 Nurzen Amuran，右 1 为大姐 Gülsen Gungor。

戴在手上。三姐妹后来像小陈一家的亲属一样参加了小陈女儿的婚礼。每次受邀参加中国的文化活动，她们也都风雨无阻，即使年老体弱，拄着拐杖也会出席，这不禁让在场的中土友人为之动容。即使在医院看护手术后的二姐时，Nurzen 还带着中文书和作业，抓紧时间学习。Nurzen 还对中土文化交流有自己的设想，她曾把这些设想认真地整理成书面建议，送交当时我们使馆的文化参赞。

知道了这些故事以后，我明白了，三姐妹和小陈一家已不是一般意义上的好朋友，他们不仅彼此说得来，彼此惦记着，也不仅是谁要报答谁，把他们连在一起的，是爱，是一种单纯而美好的人类之爱，是他们都具备的一种做人的美德。这世界上，人和人之间本该不论种族与国别都如此这般地互相爱着，像一家人一样。如果这世界充满了这样的爱，该会多么美好！

小陈觉得这些都没什么，她们还这么老挂在嘴上，就说，你们对我也很好啊。是的，小陈有段时间没有工作，Nurzen 就联络了几个学生，请小陈当他们的私人教师，每到月底，Nurzen 准是第一个交学费。小陈感慨地说，我知道，她是在默默地帮助我，教师节的时候，还给我送来蛋糕。

那天，我为三姐妹带去了"仕女演乐图"年历作为礼物。年历的每一页上面裱着一幅宣纸的古代仕女演奏古典乐器的精致画作。三姐妹看着这些画，爱不释手，尤其身为画家的二姐，一连串地用土耳其语说：太漂亮了！太漂亮了！我给她们演示说，如果你们喜欢这些画，等年历用完了以后，可以把画轻轻取下来，镶在镜框里，挂在墙上。她们听到还可以这样，更是喜出望外。我又提醒她们，里面还附有一张中国著名传统民间乐曲的光碟。行动仍然不太灵便的二姐，闻说便从坐了两个小时的沙发上迫不及待地撑着拐杖站起来，取下光碟，从沙发和茶几间辗转到放音机前，把音乐播放出来。当第一支曲子《二泉映月》那直抵人心的别样旋律在不大的客厅里缭绕起来的时候，姐妹三个听得如醉如痴。不知曲子给画家二姐带来了什么样的想象，她只是由衷地说：你给我们带来了另一个世界，我感到我的灵魂似乎已飞离了这间斗室。多么独特而神奇的音乐！中国是一个多么神奇的国家啊，她有着多么善良懂爱的人们，我此生一定要去一次中国，一定要去！

我接着给她们讲了《二泉映月》原作曲者和演奏者、民间音乐家阿炳的故事，又讲了俞伯牙和钟子期的故事。我说，我看到了你们对中国音乐、中国文化和中国人民都有着钟子期一般的心灵。我作为中国人，深深为你们所感动。我知道，在我们两国之间，有许许多多的俞伯牙和钟子期，因为我们的文化有很多相通和相似之处。在那传播了沿线不同国家的文化、给我们带来那么多彼此所没有的精美物品的丝绸之路时代,谁能说就没有中国人旅行到土耳其时爱上了这片土地和这里的人们,从此安下家来,在这里生儿育女?谁又能说,没有土耳其人在中国安下家,在那里繁衍后代,生生不息?因此,我们彼此容易理解,我们彼此有一种天然的情感。这也是小陈为什么这么爱你们,而你们这么爱中国、爱小陈、爱中国人的原因吧。

告别了三姐妹,走出她们的家,外面依然寒冷,路面上依然是冰冰水水的,但在我心里,真的为结识这样热忱的土耳其朋友而感到温暖。Nurzen 执意把我们送出来,怕我摔倒,和我相扶着,把我一直送到车前,我们紧紧地拥抱告别。我坐上车,打开车窗,任冷风吹打我热烘烘的脸,伸出手向 Nurzen 挥动。再见了,我的好朋友,我们中国的好朋友。

我和我的土耳其先生

陈绮涛（土耳其华人歌唱家）

认识他，是在美丽的地中海之滨，著名的土耳其旅游胜地安塔利亚，全世界各地的朋友聚会度假的地方。那一天，到土耳其不久的我，应一位当地朋友的邀请去她家喝茶，我穿了一件中式旗袍，买了小礼物准时赴约。寒暄之后，女主人把我引到客厅，里面已经坐着男主人和他小时候的一个好友。好友的大胡子很显眼，让我不能不注意到他。

大家饶有兴致地聊着，从他们小时候一起玩的游戏，到安塔利亚这个旅游天堂，然后就自然地聊到了中国。大胡子说起中国来津津乐道、滔滔不绝，从毛泽东到蒋介石，从长征到台湾，还有邓小平的改革开放。我越听越汗颜，这位大胡子先生的中国知识比我知道的还要多，对他提出的问题，我已倾尽所知地回答，但还是对自己不很满意。我生平第一次在一个老外面前为自己对祖国的了解之肤浅而感到不好意思，同时也为一个普通的土耳其人对中国了解和探究的程度感到惊讶和钦佩。

第二天，朋友打来电话，笑嘻嘻地问我对昨天那位朋友的印象怎样。我不明就里地说，挺好的呀。然后她对我说，我走后，那位胡子朋友问了很多关于我的问题，还对她说："千万别把她介绍给别人，我要追她！"

我们开始了交往。对生活的共同看法，对健康的共同理念，特别是他对我们中国的认知、对中国文化的热爱和对中国人的热爱越来越让我感动。这一切，迅速缩短了我们的距离，让爱情迅速升温。四个月后，我们便结婚了。

人物篇

陈绮涛的土耳其丈夫展示包饺子手艺。

　　开始的时候，我不习惯土耳其的饮食，也不会做土耳其饭，他就跟着我吃中国饭，却从来没有任何抱怨。直到有一天，我们去一个土耳其朋友家做客，他开玩笑说："这些土耳其饭叫什么名字我都快忘掉了。"我这才意识到，自己是多么亏待他，而他是怎样地迁就着我。我从小生长在海边，喜欢吃海鲜，他竟能跑遍安卡拉城，为我在一个个超市、一个个鱼行挨个寻找。国内有什么重大新闻，也差不多都是他第一个告诉我。汶川大地震发生后，我带领全家给遇难同胞默哀。我没有要求他，可他自己却站到后面，默默地分担我们的哀思。

　　然而，这十几年来，把我们紧紧结合在一起的，远远不止这些。

　　娶了我这个中国媳妇以后，他的中国情结更有了"用武"之地，甚至比我还积极，且一发不可收拾。他默默地做了很多，远远不止为

127

我，更为我身后的中国，为中土两国的友好。没有他，我的今天不会是现在的样子。他博览群书，知识渊博，平时沉默寡言，但说出话来往往落地有声。在土耳其的这些年，他改变了我对人生的态度。以前，我做什么都觉得理所应当得到回报。是他告诉我，求回报所做的事不是真正的善事，不管你是黑人、白人、中国人、土耳其人，首先我们是"人"，人是不能被商业化的！

一次，在安卡拉市中心的胜利广场，上海市政府来土耳其举办画展。现场人很多，中国代表团的朋友们又不懂土耳其语。我正在参观，他过来对我说，你给他们帮帮忙吧，他们没法交流啊。我赶到了前台，看到大家有很多问题，而国内的朋友面对这火爆的场面也确实有点力不从心。这时候，出乎我意料地，我的大胡子先生向主持人要过话筒，对大家说："我太太是中国人，我请她帮助你们。"我这一帮，就是整整四个小时，上海来的朋友们很感谢我。这期间，他也跑前跑后，买水买饮料，分发给大家。回来的路上我问他，你为什么这么起劲？我累得都快站不住了。他说，首先，他们是从遥远的贵国来到这里，我们就是主人，他们是远方的客人；第二，你是我的太太，他们宣传你们的文化就是宣传你自己家的文化，我希望能为我的家人做点什么。一股暖流，从外到内，涌到我的心里。

2015年夏末，黑龙江交响乐团来土耳其访问演出。演出在即，而演出团必须单独托运的大型乐器却没有到位。双方已为之付出很多的一次重要艺术交流活动眼看就要泡汤，焦急的使馆文化参赞找到我，因为他听说只有我工作的大学比尔坎特音乐学院有这些乐器，让我帮助联系借用。回家后，我和他一说，他马上说，我要和你一起去，这是很重要的任务，必须完成好。多亏他的出马，因为好多乐器的名字我都不知道怎么说，而且其中两件很贵重的乐器是艺术家私人所有，更让我觉得为难。他和音乐学院院长耐心地商谈，从这次文化交流的重要性，到土耳其和中国音乐界进一步交流的可能性，他的真诚和恳切打动了艺术家们。经过两天的商谈、恳请和对方的准备,我终于在他宽厚的肩膀支撑下,顺利地完成了任务,受到了使馆的表扬。我深知,没有他,我不可能完成这次任务。

土耳其有很多各种各样的致力于文化保护和传播或慈善事业之类的民间团体,他所在的协会里举办过美国、荷兰、意大利甚至日本文化的讲座,但从来没有办过中国文化的讲座。他就主动找到安卡拉大学汉学系主任布兰特·欧凯教授,请他到协会来做个中国文化的讲座。感谢欧凯教授的支持和配合,我第一次发现,在一个这么遥远的国度,还有一位教授把中国的文化理解得这么透彻、研究得这么深入。我被感动了,产生了一个从来没有过的想法——我也要为构建中土文化交流的桥梁出一把力。多少次,在他的鼓励和陪伴下,我在许多地方介绍、教授我们的太极拳,介绍我们的书法,还有中医理疗知识等。我还利用参加土耳其一个合唱团的机会,教土耳其朋友唱中国歌曲,并成功地带领这些业余演员们上台演出过。

自2004年结婚以来,我先生一共去过中国三次,亲眼目睹了中国之大。回来以后,当有的朋友向他抱怨中国产品的质量问题时,他的回答是:以后不要这样说了,中国产品质量好的有很多很多,但是土耳其的商人们为了自身的利益,选择质量差的便宜货进口到土耳其来销售,这不是中国人的问题,是我们自己的问题。这句话从他嘴里说出来,是多么有力量啊!现在,他经常搂着我的肩膀自豪地对友人说:全世界都是 Made in China(中国制造),我身边的这位女士也是 Made in China。

我们已经一起生活了十几年,我慢慢地融进了土耳其的文化,他也逐渐地把中国当成了他的第二故乡。每到春节,我们就把家不在这里的中国朋友聚到一起吃饺子、看春晚,现在的胡子先生已经会擀皮、捏饺子了。到我家来过的中国朋友们没有一个不喜欢他的。他对我的女儿也像对待自己亲生的孩子一样慈爱和负责。以前,我在教育孩子

陈绮涛的丈夫伊斯曼·伊翰　　　　　　陈绮涛和丈夫在大红灯笼下合影。

的问题上经常着急,他就对我说,你走过了她的 20 岁,而她没有走过你的 40 岁,你要站在她的角度去考虑问题。我的女儿在他的精心培养下健康地成长,现在,女儿也很有出息了,和他也有了亲情。

2008 年,我和先生第一次回国探亲,他亲和又有幽默感,大家都喜欢这个大胡子。旅游时,他还主动帮助年龄大的人搬行李,还帮女士抱小孩。天气热,大家都买冰棍吃,吃完以后,有的人把包装纸和棒棒扔到垃圾箱里,也有人就随手扔到了路边。大家继续往前走,我发现他的手里还有冰棍的棒棒,原来他没找到垃圾箱。我说,你扔到草丛里也没人知道,何必拿着它呢?他看了我一眼继续走,大概走了 40 分钟,期间还坐了面包车,直到最后到站看到垃圾箱,他才扔掉了小棒棒。我说:大家都比较随便,好像就你不太一样?他柔柔地对我说:别人可以去做不应该做的事,但是我从自己做起,不去这么做,不好吗?有时候我问他:你为什么这样呢?别人也不会说你什么好啊？他说：我这样做不是为了谁说我好，是我的心让我这样做的。十几年来，我们共同经历了风风雨雨，我从他身上学到了很多影响我世界观的东西。他就像深夜里的一支蜡烛，有了他，我的生活更加充满光明。

　　我老爹是中国的美术教授，胡子能读懂老爹画里的意境，读懂老爹的内心抒发。老爹不会说土耳其语，胡子不会说汉语，他们却能用比比画画的手势来互相交流。老爹对我说：他就是一本书，你要认真地读。老爹把自己当年发表在画刊上的一幅作品送给了他。画面上，一只公鸡挺立在岩石上引吭高歌。老爹说：鸡有五德，一是首戴冠者，文也；二是足傅距者，武也；三是敌前敢斗者，勇也；四是得食相告者，仁也；五是鸣不失时者，信也。老爹是借用鸡的"五德"来夸奖他。

　　这位大胡子先生——我引以为傲的丈夫，名叫伊斯曼·伊翰（Ismail Haci Ilhan）。

"我的中国冒险之旅,我的中国梦"

范珣(中国国际广播电台土耳其语部记者)

土耳其有着悠久的历史与多彩的文化,旅游资源丰富。随着中土两国政治互信不断增强,经贸关系稳步发展,文化交往日益密切,土耳其逐渐成为中国人出境旅游的新兴目的地。多年来,这条中土旅游文化"新丝路"是两国人文交往的桥梁,也承载着土耳其人伊凡·卡尔斯勒的中国情怀和他的中国梦。

在土耳其最大城市伊斯坦布尔市中心繁华的街道上,数十家旅行社、签证中心和语言培训机构一字排开。这其中,最热闹的要数中土文化交流中心和蓝莓旅行社了。成立于2002年的旅行社专门服务来土耳其的中国游客和商贸团体,为土耳其人访问中国提供签证和旅游服务,而同年开办的文化交流中心则开设汉语班和中国传统文化辅导班,并为土耳其相关人士提供有关中国的商贸、旅游和翻译等咨询服务。

旅行社和文化交流中心的创始人伊凡·卡尔斯勒是个地道的"中国通"。近两年,随着中土人文交往日渐深厚,来文化交流中心学习汉语和中国传统文化课的土耳其人络绎不绝。2015年3月,土耳其对中国出台电子签证新政策后,旅行社的签证和旅游业务规模也迅速扩展,只能容纳十几个员工的办公室每天被来往的客人挤得水泄不通,业务咨询电话也从不间断。

那么,这位大学里主修物理专业的土耳其"工科男",为何转行从事中国文化和旅游服务工作,成了一个"中国通"? 这要从伊凡·卡尔斯勒1997年开始的"中国冒险之旅"说起……

"我的中国大冒险"

与大多数土耳其人一样，伊凡·卡尔斯勒对中国最初的了解是上世纪八九十年代从成龙、李连杰和李小龙的电影中获取的。长衣马褂的中国人、破旧的街景和嘈杂的四合院是童年时代的伊凡对于中国仅有的印象。探究真正的中国是否如电影中描述的一样，这个想法始终在伊凡脑海里挥之不去。

1992年，伊凡考入伊斯坦布尔马尔马拉大学就读物理教学专业。由于英语水平无法达到专业要求，老师建议伊凡通过与外国的英语爱好者写信交笔友的方式提高英语水平。与其他同学交往英语国家的笔友不同，从小对中国充满好奇的伊凡选择了一位中国笔友。通过大学期间与中国笔友的交流，伊凡从信中了解了电影之外现实中国的风土人情，万里长城、江南水乡……这也更坚定了伊凡要到中国走走看看的决心。

大学毕业后，伊凡放弃留校担任物理系助教的机会，毅然选择到香港与朋友一起做电子产品进口的生意。带着多年来对中国的憧憬，伊凡第一次出国便是登上飞往香港的飞机。那是1997年，是香港回归的年份，是开启伊凡"中国冒险之旅"的年份，也是伊凡与中国结下不解之缘的年份。

铜锣湾的车水马龙、太平山顶的夜景、旺角电子城的人头攒动，繁华的国际大都市让伊凡·卡尔斯勒每天的生活都倍感新鲜。然而，香港是真正中国的一个缩影吗？带着这样的疑问，伊凡将公司业务转移到了深圳。在这里，伊凡才真正体验到中国普通老百姓的生活。

为什么在大排档吃烤串的人们说话声音那么大，他们是在吵架么？中国的鸡蛋是按斤卖？中国的理发店不分男女，而与中国女人同在一个理发店里剪头发对于一个穆斯林来说有多尴尬……在深圳，每

伊凡·卡尔斯勒登上长城。

天经历的事情对于伊凡来说都是新鲜的。带着这样的新鲜感,伊凡渐渐适应中国的生活。出租车司机、菜市场大妈和理发店的小弟都是伊凡的中文老师,在中国生活的几年里,伊凡自学了一口流利的汉语。

回想起在中国的日子,最让伊凡难忘的是第一次从深圳坐火车去北京旅游。1999年国庆前夕,伊凡计划提前买火车票,利用十一长假到北京看看。由于不了解十一长假是中国人的旅游高峰,卧铺票提前几个月就卖完了,无奈之下,伊凡买了坐票,登上了深圳开往北京的火车。

与伊凡印象中舒适的土耳其火车座位不同,京广线的列车座位上挤满了务工人员,就连座位中间的过道上也摆放着大包小包的行李。好不容易挤出来去个厕所,再想回到座位上就很艰难了,眼看着自己的座位被别人占去，只会几句简单中文的伊凡想跟他们理论也是有心无力。在卧铺车厢徘徊了几圈后，伊凡遇到了一对广东的母女，母亲善意地把小女儿的卧铺让给伊凡，她跟女儿挤在一张床上。这位好心人的善举感动了伊凡。

一路上，卧铺车厢里的中国人与来自 7000 多公里外的伊凡分享自己的茶叶蛋、榨菜和啤酒，聊起各自家乡的风土人情，也对遥远的土耳其和土耳其人充满好奇。34 个小时的车程，虽然很多中文听不太懂，但伊凡也深刻感受到中国人的热情好客和质朴善良。

短短几天的北京之行，让伊凡终生难忘。终于见到梦中的万里长城、故宫、颐和园，终于看到电影中出现的寺庙、四合院和胡同……在北京的每一天，都像电影胶片一样在伊凡的眼前闪过。这次北京之行，让伊凡对中国历史和传统文化产生了浓厚兴趣。伊凡认为，中国五千年的历史文明值得深入研究，值得更多土耳其人去了解。

"我的中国梦"

在中国打拼的三年时间激发出伊凡心中对中国历史文化和汉语的浓厚兴趣。工作之余，伊凡时常跟好友到深圳之外的其他省份走走看看。每当有来自土耳其的工作伙伴到中国出差游玩，伊凡都把这些年自己在中国的所见所闻讲述给他们听。然而，接触到的人越多，越让伊凡感受到，土耳其人对中国充满好奇，但大家对中国的了解依然停留在童年的老电影时代，对于中国如今取得的成就并不了解，甚至有偏见。让更多土耳其人能够像自己一样了解中国、来中国看看，成为伊凡心中新的梦想。

2002 年，回到土耳其的伊凡通过多年来积累的资源和人脉，在伊斯坦布尔成立了蓝莓旅行社和中土文化交流中心。成立之初，旅行社只是为来往于中土两国的商贸团体和游客预订机票和酒店，服务品种

伊凡·卡尔斯勒在中土非政府组织座谈会会场。

单一,客户数量也少。随着中土两国高层互访频繁、经贸和文化往来日益密切,伊凡的蓝莓旅行社逐渐扩大规模,除原有的旅行社基础业务以外,逐步扩展到为驻土中资企业、来土参展的商贸和文化团体等团组提供地接、导游、翻译和公关展会等一条龙服务。2007年,蓝莓旅行社成为中国驻伊斯坦布尔总领馆指定签证代办机构。

另一方面,随着两国商贸和旅游等领域人员交往日益密切,越来越多的土耳其人有学汉语的需求,商贸团组翻译、中文导游以及想要去中国读书和工作的土耳其人有着提高汉语水平的迫切意愿。"汉语热"逐渐成为土耳其年轻人中的一种新的"时尚"。由此,伊凡的中土文化交流中心汉语班也逐渐红火起来。

为了让更多土耳其人能够更好地学习汉语和中国文化,伊凡聘用了当地华人华侨为汉语老师,购买了大量对外汉语教材,与伊斯坦布尔海峡大学和奥坎大学的孔子学院合作办学。除开设汉语班外,伊凡

人物篇

伊凡·卡尔斯勒在洛阳龙门石窟。

的文化交流中心还开设了茶艺、围棋、太极拳、烹饪和剪纸等兴趣班和俱乐部，每年举办多次汉语夏令营和冬令营，让学习汉语和对中国文化感兴趣的学生能够有机会到中国参观交流。每逢中秋、元宵节和春节等中国传统节日，中土文化交流中心里总是张灯结彩、热闹非凡。

伊凡认为，土耳其和中国都有着悠久的历史和灿烂的文明，旅游资源丰富，自然和人文景观美不胜收。在土耳其和中国这条旅游文化"新丝路"上，伊凡希望能够通过自己的方式增进两国人民的相互了解。大家都在说"国之交在于民相亲，民相亲在于心相近"，

伊凡·卡尔斯勒在中国使馆的招待会上品尝面条。

在伊凡看来,尽管中土两国相隔千里,但距离无法阻碍两国人民渴望交流的心。伊凡希望未来能够进一步扩大旅行社和文化交流中心的业务规模,为更多渴望了解中国的土耳其人和来土耳其的中国朋友提供便利,这是对中国有着20多年深厚感情的伊凡·卡尔斯勒的"中国梦",也是每一个对中土两国友好作出贡献的人们共同的心愿。

陆爸爸的故事

沈杰（浙江国贸集团东方机电工程有限公司员工）

记忆中，已经有两年多没有去土耳其了，但现在还经常会收到土耳其一些朋友的邮件或者问候，这让我对土耳其总是留有那么一份想念。虽然在土耳其的那几年，也有压力，也会遇到小麻烦，但是那时的故事到现在反而变成一种美好的回忆，时常出现在梦中。

我们公司有这么一位刚刚退休的技术人员，他姓陆，我们行业（不管是国内还是土耳其）认识他的人都喜欢称呼他为"陆爸爸"。从2008年他与土耳其结缘，直到现在，每每听到公司有技术人员在执行项目的过程中对土方有所抱怨，他总会替土耳其兄弟打抱不平。德高望重的他以丰富的经验教导我们其他技术人员：土耳其人其实很好相处，虽然他们可能在技术上水平不高，但是他们感情丰富，学习能力强，只要我们真心对他们，他们也一定会真心回报我们。

记得2008年，陆爸爸和我一起踏上了土航的飞机。好事多磨，没想到我们第一次赴土就遇上了飞机晚点，造成抵达土耳其后赶不上联程飞机。但由于土航为我们作了体贴细致的安排，这并没有给我们造成很大的麻烦。这让我们对土耳其有了初步的认识：土耳其航空是靠谱的，土耳其人民是热情的。

其实，陆爸爸初到土耳其的时候，也曾经非常痛苦。我们的工作是水电站工程建设，从项目设计、设备制造到现场施工，都需要专业的团队。然而，当我们到达土耳其项目现场时，连经验丰富的陆爸爸都傻眼了。陆爸爸在国内已完成了超过15个项目，但是这里的现场对他来说仍然是一个全新的挑战。不管是从前期的设计，还是管理到实际施工，都与国内截然不同，而且总是缺少那么一点专业性。陆爸爸花了整整半年的时间去接受这个事实，同时，在与土方各级人员的相处中，陆爸爸摸索出了自己的一套方式。他发现，土方的人员不仅把我们当作设备供应厂家的技术人员，更把我们当作水电方面的专家。因此，不光我方所供设备需要指导，其他设备也需要我方来引导。但是，土耳其人又好面子，很多事情上不愿意主动来与我方沟通。比如说土建方面，土方人员知道该部分工作不在我公司合同范围，所以就凭着自己的一腔热血和想法干，导致很多工作都遇到了问题。这时候，陆爸爸主动站了出来，不仅仅做机械工程师，还做起了电气工程师、土建工程师，只要他自己懂的东西，都向土方人员倾心指导，有不明白的地方也主动与国内沟通，帮助土方解决现场问题。虽然陆爸爸前期也受到土方一些工程师的误解，但是几次事件发生之后，他们都非常佩服陆爸爸。那时，陆爸爸跟土方提出，厂房围堰太低，有被水淹的风险；渠道混凝土太薄，容易发生渗漏。起初，土方对这些逆耳忠言有些反感，但后来事故真的发生后，他们不得不佩服陆爸爸的"神机妙算"。从此以后，无论现场发现什么问题，各方都会说一句话：这事我们问问陆爸爸。

除了项目上的整体指导，陆爸爸还对机组的安装流程作出了很多调整，当然，这些调整不仅是为了更好地适应土方施工需要，也是为了弥补土方的技术水平短板，比如他对主阀、蜗壳的支墩就作了相应调整。由于支墩制作对土建要求高，土建公司常常无法一次制作就达到要求，这导致经常需要返工，不仅浪费时间、材料，更会给各方都造成麻烦。陆爸爸提出用钢架支墩代替混凝土支墩，大大减小了施工难度，既节省施工时间，也减少了交叉施工过程，使各方都更加和睦相处。正是因为陆爸爸在工程建设中身兼数职，在做好本职工作的同时，兼顾他人的工作，在方方面面都给予对方力所能及的帮助，所以，他不仅以他的睿智、热情和宽容赢得了大家的尊敬，同时也获得了

陆爸爸（左）和土耳其工人合影。

"陆爸爸"这一既亲切又饱含敬意的尊称。

在与土方人员的共事过程中，陆爸爸没有埋怨土方安装技术水平的弱项，而是把这个看作机遇。他在完成第一个项目时，培养了一支精锐的小分队，并把中国的管理经验教给安装公司的项目经理，提高了当地安装公司的工作效率和知识水平。效率提高了，工人的待遇也相应上去了，现场工人自然对陆爸爸非常服帖；工程的成本降低了，项目经理当然也对陆爸爸非常感激。现在，这个项目经理已经拥有了一家在土耳其算得上比较大型的安装公司，他一直挂在嘴边的一句话就是：没有陆爸爸的指导，我也不会有今天的成就。陆爸爸真正做到了我们常说的"从工作中收获友谊，从友谊中收获机遇"。

等到陆爸爸在土耳其完成三个项目之后，他在我们当地的客户中已经小有名气。陆爸爸经手的第四个项目,那里的项目经理也是一位即将退休的工程师。他在陆爸爸现场指导期间,完全把陆爸爸当作项目顾问,即使在语言上有些沟通不便,但这两位资深工程师在项目执行过程中却是如此默契,完全不需要翻译。他们仅用8个月时间就完成了原计划14个月完成的工作,使双方的老板都非常满意。这其中还有个小插曲,有一次申请邀请函时,土方公司居然直接在函上姓名处写上了陆爸爸(Lu Baba),着实让人忍俊不禁。其实,陆志敏才是他的大号。

今年,陆爸爸已经退休在家了。在土耳其工作的6年间,他完成了7个项目,并解决了好几个项目的疑难杂症,为公司创造效益的同时,也塑造了中方技术人员的形象。把项目执行中的困难当作机遇,勇于担当,一切为业主着想,这不也正是我们东方机电的文化吗?

交流篇

> 阿德南·阿克弗拉特：革命诗人纳泽姆·希克梅特在中国展现的聚合力
> 高丽娟：三十年的汉语缘
> 李赞天：埃森利大使一家的中国情
> 爱　达：难忘的龙头村之行
> 余引君：陪同土耳其记者看中国
> 包　枫：嫁到土耳其这片热土
> 刁　丽：美食结友谊
> 智晓静：因茶结缘，以茶会友
> 阿赫买特·焦什昆·阿伊登：梦幻国度——中国
> 罗　克：巴扎公园的非常土耳其情怀
> 胡亚天：割不断的中土师生情

革命诗人纳泽姆·希克梅特在中国展现的聚合力

阿德南·阿克弗拉特（土耳其—中国促进商业友好协会主席）
王梦婵 译

2006年5月19日，在青岛的中土投资研讨会闭幕式之夜，我们所经历的一件事使我终生难忘，它展示了在中土友好关系的发展中诗歌的力量。

初次来到中国以及我与中国产生的感情

土耳其诗人纳泽姆·希克梅特

我第一次访问中国是应中国共产党的邀请，以土耳其工人党代表团成员的身份来的。那时候，我的职务是由土耳其人民集资建成的"国民频道"电视台的台长。

时任中联部副部长马文普先生在刚建好的中联部大楼里设宴款待土耳其工人党代表团成员。在这次宴会上，我亲眼目睹了中国人民对客人的盛情和为此所作的精心布置。

他们注意到了我护照上的出生日期之后，在宴会结束时给了我一个意外惊喜——为我庆祝生日。这无意间拉近了我和尊敬的马文普先生的关系，第二天，他邀请我去了他的办公室。我在对中国的发展速度表示极为惊讶的同时，向他问起了土耳其与中国的关系该如何发展的问题——2003年，两国之间的贸易总量只有30亿美元。马副部长说，最好的办法就是建立"友好协会"，他同时介绍了中国传统的"人民对人民交往的方式"。我未作任何承诺,表示感谢之后便离开了。

回到土耳其两周后,尊敬的中国驻土耳其大使宋爱国先生打电话说要与我见面。土耳其语很好的宋大使告诉我,他们已经从北京得到我要成立土中友好协会的通知,并表示中国大使馆将全力支持这个协会的工作。

我告诉宋大使,作为一名电视台台长,一周工作七天,一天需工作18小时,我不能再承担额外的责任了。宋大使用土耳其语"命令"道:"阿德南先生,你知道中国有句话叫'军令如山倒',我不能跟北京说这个协会成立不了。"我笑着回答说:"中国政府的命令是你执行,我可不是中国政府的官员啊!"

最后,宋大使还是用动人的话语说服了我为这个项目分出一部分时间。

于是,2005年,我们以土耳其石油管道运输公司(BOTAŞ)前任总经理麦泰·戈克奈尔(Mete Göknel)先生为会长,成立了"土耳其—中国商业促进友好协会",由我担任秘书长。"土耳其—中国商业促进友好协会"于2005年12月2日至3日召开第一次大会,举办了为期两天的以"中小型企业商务研讨会"为题的专题研讨会。中国中小企业协会秘书长和五个重要工业联合会的领导出席了会议。会上,由土耳其共和国外贸部长库尔夏特·图兹曼(Kürşat Tüzmen)先生和中国驻土耳其大使宋爱国先生致开幕词。

研讨会的另一位演讲者是土耳其中小企业发展和支持协会会长埃尔康·古尔康(Erkan Gürkan)先生。会上,中国中小企业协会和土耳其中小企业协会建立了商务合作关系。埃尔康·古尔康还提出"土耳其—中国商业促进友好协会"应该成立经济匹配中心。2006年5月,在中国中小企业协会和土中友好商会在青岛举办的"土中投资研讨会"上,两国正式成立了"土耳其中国经济匹配中心",并举行了签字仪式。

2006年9月，我辞去了记者工作，开始担任"土耳其中国经济匹配中心"主席这一全职工作。近十年来，我一直在为土中之间经济关系和友谊的发展而努力。

最近四年，我在上海生活和工作，同时走遍了除黑龙江、吉林、内蒙古和西藏以外的中国大江南北的所有省份和主要城市，结交了很多珍贵的友人，经历了许多美好的事物。但是，最感动我的是2006年5月19日经历的一件事。

徐空让的精准记忆力

让我们回到土中投资研讨会开幕的那个夜晚。中国全国人大前秘书长助理、中国中小企业国际合作协会副会长徐空让先生，中国国家发改委中小企业对外合作协调中心主任袁普先生，土耳其中小企业发展和支持协会会长埃尔康·古尔康先生，青岛市市长助理张艾先生，土耳其—中国商业促进友好协会副会长穆罕默德·艾玉普·克泽劳克（Mehmet Eyüp Kızılok）先生和协会里的会员朋友们参加了会议。

我作为土耳其—中国商业促进友好协会主席在当晚的开幕式上致辞。我在讲话中回顾了1919年在中国发生的伟大的五四运动，同时提到了土中革命之间的相似之处。1919年5月19日是土耳其民族解放战争开始的日子，现在，每年的这一天都被作为"纪念国父和青年体育节"得到庆祝。凯末尔革命的目标就是要建立一个完全独立、发达而开明的国家。我说道："当这一目标实现之时，就能更迅速地发展与中国的友好关系。"随后，我在邀请全体与会者向国父致敬、为土中友谊共同干杯后，走下了讲台。

晚餐尚未开始，徐空让先生表示要讲话，虽然活动日程表里没有事先安排。我们注意到，和我们已经相处四天的徐先生平时寡言少语，但每次开口都言简意赅。他智慧的微笑和温和的态度赢得了我们所有人的尊敬。徐先生迈着坚定的步伐慢慢地走向讲台，大厅里变得一片肃静，人们都好奇这位智者将要说些什么。

徐空让先生说他要简单说几句。首先，他表示了对土耳其和土耳其的革命先驱、国父穆斯塔法·凯末尔深深的爱戴和敬意。

他说他对土耳其产生这样的情感首先要归功于一位土耳其诗人。接着，当时已73岁高龄的他背诵了这位诗人——纳泽姆·希克梅特为向中国革命表达敬意而于1948年写的一首诗：

如果说我的心一半在这里，那另一半就在中国，我的大夫，在那正向黄河开拔的队伍中间。

我已记不清徐空让先生是如何走回他的座位的，此时，大厅里群情高涨，大家纷纷向他报以热烈的掌声。当听到用中文朗读的纳泽姆的诗句时，我不禁心潮澎湃，感到全身血脉偾张，心跳加速，几近晕眩。

我的内心笼罩着一种永远都不能忘却的舒爽，这样的感觉我以前从未感受过。我们见证了诗歌能穿越时空、诗人能连接心灵的力量。

纳泽姆·希克梅特在中国

后来我了解到，徐空让先生能背诵中文的纳泽姆·希克梅特的诗，在那个时代对于革命者来说并不稀罕。

当时，纳泽姆的诗首次被译成中文，在包括《人民日报》在内的多家报纸上发表过。此时的纳泽姆冒着生命危险秘密离开了土耳其，到莫斯科的世界和平理事会任职。他的朋友埃弥·萧（即萧三——译者注）本以为他已不在人间，没想到在1951年的维也纳研讨会上再次与他相遇，他们相约在北京见面。于是，1952年，纳泽姆来到了中国。其间，他的第一本诗集在中国由人民文学出版社出版。

以"希克梅特诗集"命名的这本书，有着蓝色的封皮，当时曾很受追捧，知识分子和年轻人人手一册，爱不释手。书中有两首诗是从法语翻译过来的，其他的则是从俄语翻译过来的。译者的名字分别是：陈微明、铁弦、孙玮、余振、郁洁、王槐曼、袁水拍、魏荒弩。纳泽姆在莫斯科东方大学的同学埃弥·萧（萧三）也译了两首。

纳泽姆上世纪50和60年代在中国为大家所熟知，还有几家出版社也出版了他另外的几本书。但是，1990年后情况变了。中国改革开放以后，他逐渐被遗忘了。2015年12月，由上海国际友好协会举办的世界诗人展在人民广场地铁站举行。展览中图文并茂地介绍了来自世界各地的杰出诗人，有巴勃罗·聂鲁达，有海因里希·海涅，却没有纳泽姆·希克梅特。我问了友好协会的主办方为什么没有纳泽姆·希克梅特，得到的回答是：他们不认识他。这个回答让我意识到，为土中友好而努力的我们，又多了一项重任。

应该在中国重新发行希克梅特的著作

纳泽姆·希克梅特的著作应该在中国重新发行。这一次，他的诗应该从他自己的母语——土耳其语翻译过来。我完全拥护中国国家主席习近平关于丝绸之路经济带和21世纪海上丝绸之路（即"一带一路"）的倡议以及他对此所给予的重视。我们不仅要重建丝绸之路并使之保障产品和服务的交流，而且必须使丰富的文化资源得以互通。

这个任务也使重新出版发行纳泽姆·希克梅特的著作成为必要。纳泽姆·希克梅特受到所有丝绸之路沿线国家的人民的广泛欣赏，他诗中体现的亚洲文明的共享精神是大家都认同的。把这个巨大的财富传达给中国的知识分子、青年人和劳动者，是我们共同的任务。徐空让的那段惊人而准确的记忆，提醒我们应该肩负起这项重任。

三十年的汉语缘

高丽娟（土耳其华文作家）

余秋雨有篇文章，题为"三十年的重量"，写的是他和恩师以及崇拜过的教授之间的事。一般毕业后校友团聚也常选"同窗情缘三十年"作为聚会的主题。今天，回首我在土耳其30年的汉语情缘，虽说岁月转眼匆匆而过，半百人生轻若鸿毛、恍如梦逝，却也在心头积累下沉甸甸的回忆。

1980年从台湾大学中文系毕业后，我去杂志社当编辑，也结识了在政治大学中文研究所修读硕士的土耳其留学生欧凯。由于对中国文学的共同爱好，我们两人由相知到相恋。在和土耳其没有邦交、仍处于戒严时期的台湾，我克服种种留学签证困难，于1982年挥别家乡，飞越关山来到土耳其，随即在安卡拉大学汉学系授课，隔年取得专任中文讲师的资格，直至2007年退休。退休之后，我仍然在安大和警官大学教授中文，直到2012年才卸下教职。与此同时，1980年，当时的土耳其政府为了加强国际宣传，争取联合国常任理事国中国的支持，于1981年在国际电台开设了"土耳其之声"华语部。那时，在土耳其，通晓土语和汉语翻译的人才寥寥可数，于是，我和同在汉学系任教的欧凯便在总统府指令下，课余前往电台支援翻译与广播工作，这一支援就一路到了2014年。我与土耳其的30年汉语情缘，就在汉语教学与广播之间穿梭出一段段令我回味无穷的故事。

安卡拉大学汉学系成立于1935年，是中东地区最早设立的汉学研究机构。这是因为，土耳其共和国创建人凯末尔认为，要在奥斯曼帝国瓦解后重新建构民族意识，应以语言和历史为基础。而土耳其民族史最早的记录只见于中文史料，为了研究古代土耳其民族史，他便指示成立汉学系。当时研究汉学的目的，并不是为了了解中国，而是要了解土耳其古代史。因此，在我来土耳其的上世纪 80 年代，汉学系还是着重于古代汉语的教学与研究。此后，随着中土外交商务往来的日益频繁，现代汉语教学逐渐受到重视，汉学系招生名额也从当初的 6 名逐年增加到现在的 35 名。

30 年的大学汉语教学工作中，我说不上有什么贡献，反而是求浆得酒，获益良多，这不仅丰富了我的异国生活经验，更赋予了我在异乡的社会价值与地位。

30 年里，让我记忆最深刻的要算与我同年的一位学生阿费妃。记得有一年开学的第一堂课上，第一排坐着一位大婶年纪的女生，她看着我疑惑的眼光用土耳其语说："老师，我知道您的岁数，因此我是班上最'老'的学生。"我当时不假思索地纠正她说："不！你不是最老的学生，你是最'大'的学生。"

一个字的差别，反映的是心态的差别。她的"伟大"在于当年她是因为儿子隔年要考大学，为了先体验考大学的最新经历，好在次年指导儿子，就在 44 岁的年纪毅然决定重考大学，并且靠着她的英语能力加分考上了以语言分数为计分标准的安卡拉大学汉学系。注册前，她本来觉得已经体验够了，不需要真的去注册上课。可是，有一天当她信步走到暑假里没什么学生的汉学系办公室，在布告栏前浏览课程表时，遇见了欧凯。欧凯好奇地请她到办公室，以为她是来为孩子问问题的母亲，没想到她竟然是一位在犹豫自己是否要注册的学生。经过一番谈话，她后来回忆时说："就是为了从博学的欧凯教授身上学习更多中国文化，我鼓起勇气注册了！"

认识她那年，我也 44 岁，刚重拾文笔在报刊书写我的土耳其见闻。上课半年后，有天课间，她来我办公室跟我谈话。我正在写稿，话题从我写稿谈到她学习中国文化的心得，她说最大的收获是学习到中国人"知足常乐"的生活智慧,因此摆脱了一些无谓的欲望困扰。这时我告诉她,中国人还有句话"知不足者好学,耻下问者自满",鼓励她在学习上要知不足,才更有前进动力,支持她在家务的忙碌中继续求学。最后,她带着坚定的笑容说:"老师,我一定读到毕业,然后去中国。以后,我也要像你一样用笔来写出我的见闻。"

几年后,她果然毕业了,可是因为年龄不符合奖学金申请条件,她就自费前往中国,一边教英文,一边进修、旅行。当时,她就读大学的儿子还趁暑假到中国探访,也大大开阔了眼界。进修一年多回国后,她开始在旅游电子杂志撰写专栏,还在2011年中国国际广播电台为庆祝中土建交40周年举办的知识竞赛中获得了前往中国参观访问的大奖,到四川汶川考察地震后的重建工作。回国后,她撰写了动人的报道文章。

30年里,因为学习中文而扭转人生际遇的例子屡见不鲜。曾经有位后来升到将军的学生家长来拜访我,当时他被派驻土耳其与伊拉克边

高丽娟(左)和与她同岁的安卡拉大学汉学系毕业生阿费妃于2006年毕业典礼时合影。

界，常常要率军清剿库尔德工人党游击队，出生入死。他女儿上了大学没多久，就恋爱、辍学、结婚，不久又离婚。这位忧形于色的父亲请假来到安卡拉，问我说："她想复学，可是老师您说，她读这中文有什么出路？我担心她在大学又遇人不淑，是不是应该动用关系把她安插到政府机构，一边工作一边上远程大学？她坚持回来继续学习，可是您说，她这情形能学到毕业吗？"我知道这个学生很聪明，我跟她有过几次谈话，当时只是基于我看人的眼光，极力说服他让女儿复学，到最后竟然拍胸脯保证我会特别督促她完成学业。这位爱女心切的父亲最后说："老师，你们信任我们，把国家交给我们来保卫，我也信赖你们，就听您的话，我把女儿托付给您了！"几年之后，这位学生毕业了，并拿到中国奖学金前往中国继续学习。学成后，她在上海从事贸易方面的翻译工作，而她父亲的军阶也升为将军，可谓双喜临门。

2014年，我应中国国务院侨办邀请前往广州出席首届世界华文文学大会，那是我自1993年参加在北京的首届海外中文教师夏令营后，时隔21年再次来到中国大陆。会后，我趁机前往上海、温州、厦门旅行了一个月。这趟在中国南方的旅行期间，我沿途受到了那些在中国经商或进修的学生们的热情接待，比如在上海的土耳其担保银行驻上海办事处主任诺扬·罗拿。他是在我到土耳其的次年申请到中国奖学金的汉学系毕业生，当年，在妻子怀孕的情况下，他忍受着思乡念子的苦涩，毅然只身前往武汉大学进修，直到儿子一岁多他才第一次见到。学成归国后，他考进外交部并被派往北京任职，最后升任驻上海总领事。为转换人生轨迹，后来他改任土耳其担保银行上海代表处首席代表一职。他前后在中国工作生活了30多年，经常在中国电视上露脸，并获得"上海市荣誉市民"的光荣称号，走在路上，连警察都认得出这位"中国人民的老朋友"。

在温州，接待我的是曾经的学生侯赛因，他在温州开了一家成衣进出口公司，供应土耳其著名品牌。他来自土耳其落后的东南部贫困家庭，但是勤奋好学,大学二年级时就已经具有口译能力,靠寒暑假做翻译工作赚取学费来完成学业。现在,他跟兄弟们合作,在中土之间从事贸易活动。就这样,一个人口众多、生活贫困的家庭因为他学习中文,使家境得到了很大改善。

在厦门,我见到的几位女学生有的在厦门大学修读博士学位,有的担任土耳其大理石公司驻厦门的经理,还有几位作为交换生还在学习。看到她们用流利的汉语和别人交谈,在中国过着乐观进取的生活,努力开创着美好人生,我感到非常欣慰。

想到从前许多汉学系毕业的优秀学生因为中土之间的交流尚无今日之规模以及奖学金不多等种种时代因素,无法出国进修,为了生活学非所用,最终忘记所学的悲哀;而随着中国的崛起以及双方政府提供的各种公自费留学机会的增加,今天几乎所有有志于研习汉语者都能到中国实现抱负,同样地,也有更多的中国学生到土耳其学习土耳其语。今昔

2014年,高丽娟为土耳其国际广播电台华语部《丝绸之路的两端》节目采访在中国温州经商的学生侯赛因。

对比，不能不让人生出无限的感慨。而我在从大学教席退休之后，能看到这种交流的盛况并协助更多的土耳其人和中国人得以前往丝绸之路的另一端去追求自己的梦想，也足以告慰平生了。

教书之余在土耳其国际广播电台华语部的兼职，除了训练我土译中的翻译能力外，由于电台由专业作家制作的节目内容涉及土耳其文化、历史、政治、经贸各方面，从而丰富了我关于土耳其的知识。而在采访与撰写节目时，能接触到在中土之间往来的各界人士，也无形中扩大了我的朋友圈。

"你们好，抱歉打扰，我可以请教你们一个有关汉语的问题吗？"回想起来，是到土耳其第一年的一个夏日午后，我跟欧凯在电台的餐厅喝着茶，他——土耳其民谣界的知名歌手、擅长三把萨斯琴一体演奏的厄扎伊·根吕姆（Özay gönlüm，1940—2000），用浑厚、富有磁性的嗓音，带着这样的提问，插入我们的谈话。原来，他到电台来接受采访，看到我这张东方面孔，好奇地跟餐厅职员打听，知道我们在电台华语部工作，而他正好即将前往中国举行演唱会，还要演唱一首中文歌——记得好像是《茉莉花》，所以想跟我们学几句汉语。土耳其人特别喜欢喝中国的茉莉花茶，茉莉花（yasemin）也是土耳其人常用的女孩名字，这更增加了他要唱好这支歌的决心。在跟我们学习汉语发音时，当欧凯提及声调问题，根吕姆马上用他敏锐的音乐感知说："一声是 so，二声是 mi so，三声是 re do fa，四声不就是 so do！"当时，我们还不知道中国语言学之父赵元任创制的记录汉语声调调值的"五度标记法"，也没听说过"音乐定调练习法"，没想到却从这位土耳其民谣歌手那里学到了用音乐教汉语声调的方法。在往后的教学中，我们发现乐感好的学生最容易掌握汉语声调，比如有个学生后来放弃中文专业，以黑管演奏考入土耳其广电总局乐团，他原来就是汉语发音最标准的。而有些人即使去了中国进修回来，声调仍然掌握不好，大半是因没什么乐感所致。

交流篇

高丽娟在土耳其国际广播电台华语部播音室的工作照

退休之前，我在国际电台华语部的工作偏重于新闻和节目的翻译与广播。退休之后，正逢"一带一路"倡议的提出，电台领导在访问中国出席多次有关的传媒会议后，特别关注与丝绸之路有关的节目制作，我因缘际会提出了一个名为"丝绸之路的两端"的节目企划案，内容是报道位于丝绸之路两端的土耳其和中国当前的政经文化交流活动，同时配合活动讲述丝绸之路上中土两个民族间的重要历史事件。这项企划获得领导的认可，就在 2014 年，我制作了每周播出一集、每集 15 分钟、总计 52 集的节目，取得了良好效果。

在这一年的节目中，我印象最深的采访对象就是第一位华人土耳其湿拓画家李昕桐（李菲），她的土文名字是 Filiz Li。李昕桐原本是属于五百强的一家公司的叱咤风云的职业经理人，从中国前往加拿大深造，却因缘际会嫁到了土耳其。在克服了异国生活的不便之后，她与土耳其湿拓画艺术结下了不解之缘，并在修业七年之后，从土耳其传统湿拓画大师手中拿到了连土耳其人都很难拿到的结业证书。她说："曾经艰难的挑战是，从五百强巨头公司叱咤风云的职业经理人，变成不能创造社会价值、默默无闻的家庭主妇。然而，当一扇门关上时，另一扇就会打开，使我进入了 Ebru（湿拓）的精彩世界。"

她在土耳其第一中文门户"T 号外"撰写专栏／博客，坚持写了数年，图文并茂，除了让读者分享她在土国生活的点滴以外，还坚持不懈地报告她学习湿拓画的心得、体会，并一一回答来自世界各地读者的问题。我感叹的是，丝路的两端自古以来就是靠着充满冒险精神的使者和商人，开拓出一条连接两个世界的交通孔道。今天，李昕桐犹如昭君出塞般远嫁土耳其，最后变成两国间的民间文化使者，树立了一个新的典型。我们不禁期待有更多的李昕桐出现，以便拉近丝路两端的距离，促进两国人民间的相互了解。

网络时代来临之后，第一个土耳其中文门户要算是"T 号外"。这是由一群在土耳其生活、学习、工作的华人兄弟姐妹们共同创办起来

高丽娟全家福。女儿2006年以经济系第一名毕业,获得耶鲁大学直攻政治学博士奖学金,儿子毕业于土耳其中东科技大学工业工程学系,夫婿欧凯教授现任安卡拉大学汉学系主任。

的中文媒体,它为并不集中的当地华人提供了一个网上家园,也为中国的土耳其粉丝提供了一个网上俱乐部,让土耳其人学习中文,让中国人了解土耳其。2008年,"T号外"的创始人罗克先生在接受我的电邮采访时说:"'土耳其面包'是我的网名,我的名字叫罗克。土耳其朋友叫我Louk。我是伊斯坦布尔海峡大学的第五个中国毕业生,在伊斯坦布尔生活了十年,19岁来,29岁离开,经历了很多有意思的生活片段,在第十个年头创办了'T号外',主要目的就是想系统化地讲一讲土耳其,去年把它和我太太还有她肚子里的儿子一同带回了中国。现在儿子也有了,这个网站就是我的工作,也是我生活中重要的一部分。天天关注土耳其已经成了习惯，尤其对于现在刚刚回北京定居的我和太太来说。现在在北京工作，主要通过与广告公司和各类媒体合作，加上我的网站，一同帮助土耳其机构和企业在中国做宣传推广和广告策划，土耳其旅游文化部也是我的主要服务对象之一。土耳其是一个故事性很强、新闻点超多的国家，每一个方面都有可以挖掘的内容。旅游、生活、文化、商务、社区、土语教室是主要栏目，也就是这样一点点分类、一点点积累出来的。背后确实有很多人的心血，我喜欢把这份工作看成自娱自乐的工作，毕竟我们都喜欢土耳其。"

在 30 年的华语广播生涯中，我印象最深刻的听众来信，是在通信不便的年代，就有中国听众把我们的广播录下来寄给我们，让我们更清楚地了解播出的效果。还有位中国听众是残疾人，靠着收听短波来了解遥远的土耳其，他定期给我们写信，谈他在病中想象的土耳其，把我们寄给他的收听证当作宝贝收藏着。有的听众还告诉我们，他们向朋友展示电台寄去的土耳其纪念品，有土耳其风光的明信片、杯垫，有土耳其花纹的小包，等等。在他们的生活中，这些来自遥远国度的物品，让他们情牵土耳其，梦系远方。每当听到这些，我就觉得我的工作真的很有意义。

30 年岁月汉语缘，数说不尽的人和事，积累了我土耳其岁月的质量，开拓了我土耳其人生的视野。中文系毕业，却因缘际会远嫁异国，又是一个当年遥不可及的国度，竟然能因为中文与许多土耳其人结下深厚的情缘，谱写美丽的友谊乐章，这堪称我人生的意外收获。

埃森利大使一家的中国情

李赟天（厦门大学汉语国际教育专业研究生，土耳其中东技术大学孔子学院汉语教师）

2015年8月，我受国家汉办/孔子学院总部和厦门大学的委派，作为一名汉语教师志愿者赴土耳其中东技术大学（Orta Doğu Teknik Üniversitesi）孔子学院工作。从没想到，在正常的教学和文化工作以外，我还能有幸结识土耳其前驻华大使、现外交部副次长埃森利先生及其一家，并且和他们一家度过了那么多的快乐时光，而我从中也得到了莫大的收获。

缘结虎子

我和他们一家的故事，还得先从他们可爱的小儿子——虎子说起。2015年10月的一个下午，孔子学院的吴院长找到我说："大使夫人想从我孔院找一位老师教土耳其外交部副次长埃森利先生的孩子学汉语。我推荐你过去，你看怎么样？"想到可以有更多的语言交流，我便立刻答应了下来。接下来不一会儿，就有个陌生的电话打过来："你好，请问你是李老师吗？"听到电话那头传来的土耳其味道的汉语，我吃了一惊，心想，我认识的几个土耳其朋友的电话号码我都有记录，这个陌生的土耳其人说着流利的汉语，会是谁呢？难道是……果不其然，电话那头开始了自我介绍："李老师你好，我是你们大使夫人的朋友艾芙兰，他们推荐你当我儿子的汉语老师……"这下我明白了，正是吴院长说的土耳其外交部副次长的夫人。简短的汉语寒暄之后，艾芙兰女士用流利的英语介绍了他5岁的儿子艾盖的情况，表明

艾芙兰女士和艾盖与李赟天在孔子学院门口合影。

了他们想请一位汉语老师当家教的意向。"我们的孩子——艾盖,他是在北京出生的,我和我的丈夫埃森利都觉得他是中国给我们的礼物,所以在中国的时候我们就让他在中国的学校上学,学习汉语,他还有一个中文名字——虎子。现在,我们离开了中国,回到了土耳其,但是我和埃森利都觉得不能让他的中国记忆消逝,不能让他的汉语退化,不能让他忘了自己的中国根,所以我和埃森利想请你来帮助我们让虎子继续接触中国人,继续学习汉语……"艾芙兰女士的这番话着实让我十分感动,于是我当即与她商量时间,约好在周末开始汉语教学。"好的,那我们周末见,到时候如果有问题我打你的电话,"艾芙兰女士说道。放下电话,感动于艾芙兰女士的情真意切,我便立刻开始了周末大使之子汉语课的准备工作。

到了周末,我早早地来到约定的地点,一边盯着手机生怕错过任何消息,一边望着马路上来来往往的汽车。正在我四处张望的时候,一辆银灰色的轿车缓缓地停在了我的面前,车里的先生用汉语向我打了个招呼:"你好!我是埃森利,你是李老师吗?"什么?这位先生就是副次长先生本人!我怎么也想不到,他竟然亲自开车来接我。而且,他刚刚用这么熟练的汉语向我打招呼,难道大使先生一家都会说汉语?那他们还请我当汉语老师做什么呢?这突如其来的双重"惊喜"让我一时手足无措,不知道该说些什么好。大使先生似乎读出了我脸上的惊讶和疑惑,便笑着用流利的英语说:"哈哈哈,李老师,我也就会这点汉语了,还是我的妻子艾芙兰教我的呢。李老师,你觉得我的汉语 OK 吗?"

听着大使先生一口一个"李老师",我的心都要蹦到嗓子眼儿了。情急之下,我一拍脑门:"埃森利大使阁下,您称呼我老师太客气了。我的名字是李赟天,可以的话,您就叫我赟天吧。""哈哈,那好,"大使先生热情地向我招招手,"赟天,上车吧,我们边开边聊。"

上车之后,我一边看着前面陌生的街景,一边心里拼命地在想聊什么话题会比较合适:问大使先生让我当汉语老师的原因会不会太心急了些?聊大使一家在中国去过哪些地方会不会太冒昧了些?谈自己喜欢哪些土耳其美食又会不会太唐突了些?最后,想到手心冒汗也没拿定个主意的我只好带着快要僵硬的"标准微笑"挤出了一句:"大使阁下,今天安卡拉的阳光很好呢。"

许是看出了我的紧张,大使先生一边和蔼地向我微笑一边说:"是的,这让我想起了北京的阳光。赟天,我很喜欢中国,所以当我的总统任命我去中国当大使的时候,我非常高兴,我也很希望这种感情能够在我的孩子艾盖身上延续下去……"大使先生顿了顿继续说道:"中国现在发展得越来越好,我在中国的几年时间里切身感受到了中国的迅速发展,我也相信以后中国会变得更好。所以,不管艾盖将来从事什么，我相信了解中国、会说汉语，都会对他有所帮助。"

"而且，艾盖，哦不，虎子他本来就是在北京出生，所以他是北京人啊，更应该好好学习汉语，"大使先生话锋一转，以幽默的口吻说道。看到我笑出了声，大使先生显然对自己的这番话取得了意想的结果很是满意，停了一下继续说："所以，这个担子就交给你啦。赟天，我和艾芙兰都指望着你呢。"

到家之后，迎接我们的是艾芙兰女士和她 5 岁的儿子艾盖。看到家里来了一个陌生的中国人，艾盖显然有些害羞，躲在妈妈的背后，露出一个机灵的小脑袋向我这边张望。"艾盖，他是你的汉语老师——李老师。李老师你好，艾盖你也说。"艾芙兰女士一边用汉语向艾盖介绍我，一边用热切的目光鼓励艾盖用汉语向我打招呼。艾芙兰女士重复了两次之后，艾盖终于腼腆地一边挥手一边用汉语向我打了招呼："你好。"那稚嫩的声音，从他那可爱的小嘴里发出，着实让我惊喜：不仅是因为眼前的艾盖才 5 岁就会说汉语了，更是因为即使从专业角度看，艾盖在说"你好"两个字时的语音语调都无可挑剔。显然，艾芙兰女士谈到过的他们一家在中国的经历，让艾盖拥有过非常宝贵的语言环境。可以想象，艾盖在北京的时候一定有过不少中国小伙伴，和他们一起有过许多愉快的日子。只是现在缺少了语言环境，所以他的汉语才逐渐退化了。于是，在这第一次课里，我并没有正式实施教学，而是通过互动游戏的方式，逐渐试探和摸准艾盖的汉语水平和性格特质，为以后的汉语教学做好铺垫。

快乐汉语

第二次、第三次、第四次……每个周末，我和艾盖的汉语课也正因为有了第一次的准备而变得有的放矢。而根据每次不同的教学主题，我的快乐汉语课也不仅仅是在家里进行，还可以是门外的花园、院子里的草坪……只要是安全并且有助于营造情境和语言氛围的，都可以为我们所用。而在这种沉浸式的汉语教学中，艾盖的汉语水平也越来越好。每次结束之后，我都会向艾芙兰女士介绍一下今天学了哪些新知识，以便她在一周其他的六天时间里帮助艾盖复习。而艾芙兰女士则笑着说："好的，李老师。我经常在你上课的时候听到艾盖的笑声，原来语言学习还可以那么快乐啊。下次你也可以教教我，因为我的汉语也不大好。"我说，当然可以，您愿意继续学汉语，我热烈欢迎还来不及呢，而且亲子一起学习会对双方的语言水平都有很好的提升。艾芙兰女士听了非常高兴，说一定会找机会一起学习。

又是一个周末，在艾盖的汉语课结束后，由于孔子学院还有些工作需要完成，我准备等车回中东技术大学。艾芙兰女士一听我要回中东技术大学，回孔子学院，十分惊喜："赟天，你知道吗？我就是中东技术大学毕业的！那是我的母校呢。"惊喜之余，艾芙兰女士转身向艾盖说道："艾盖，李老师要去我的母校中东技术大学，李老师和我是一个学校的校友呢。"看到艾盖兴奋地蹦蹦跳跳，艾芙兰女士又转过身对我说："赟天，我们一起去孔子学院怎么样？我也想回母校看看了，我想艾盖也会喜欢的。"艾盖听到后一下抱住我，眨着可爱的眼睛用汉语和我说："对！""当然没问题，乐意之至。"于是，我就陪同他们母子一起来到中东技术大学孔子学院。

"哇！好漂亮！"一进门，艾盖便兴奋地叫出声来。看到孔子学院那么多的中国特色装饰和琳琅满目的文化用品，艾芙兰女士也连声称赞。在文化用品当中，最吸引艾盖的是中国毛笔：毛笔不用墨，简单地蘸上清水，就可以在万次水写布上写字画画。艾盖可爱的眼睛里无时不透露着惊奇，便高高兴兴地跟着我写起了汉字。临走，看到艾盖恋恋不舍的表情，艾芙兰女士笑着说："看来艾盖很喜欢这里呢。赟天，我们也可以来孔子学院上课吗？""当然可以，随时欢迎您来，"我笑

孔子学院的汉语课——艾盖学习用毛笔写汉字。

着说道。

　　过了两个星期,艾芙兰女士给我打电话:"艾盖的同学们都很羡慕他有个中国老师,要不我们一起去艾盖的学校也给他们分享一下汉语和中国文化吧?"没想到艾盖的小伙伴们也对汉语和中国文化这么感兴趣,我在惊喜之余便当即答应:"没问题,我们孔子学院有很多文化用品,到时候我带过去,孩子们一定会喜欢的。"于是,在一番精心准备后,我便和艾芙兰女士一起来到艾盖的学校,给那里的孩子们上了一堂中国文化体验课。简单易学的"你好""谢谢"的发音和"一二三"的书写,成功地将孩子们引入汉语的世界。尤其是汉语和土耳其语在数字读法上的相似,使得孩子们一个个拍着胸脯说:"汉语不难,我喜欢汉语。"而看到五彩斑斓的京剧脸谱和剪纸灯笼,孩子们则是一阵欢呼:"好漂亮!"戴上脸谱面具之后,有的孩子还俏皮地跳

李赟天（后排左2）和艾芙兰女士（后排左3）一起举办中国文化体验课。

起舞来，场面好不热闹。而精心设计的筷子体验活动则将这次体验课的氛围带到了高潮：孩子们对这种竹制的中国餐具十分好奇，一个个瞪大了眼睛看着我和艾芙兰女士演示，然后纷纷举起小手要求体验一下，而成功用筷子夹起豆子的孩子则好不得意，兴奋地挥舞着筷子向小伙伴和老师们展示"我做到了"。直到下课，小朋友们都不愿离去，还有其他班级的小朋友们听到消息后也跑过来围观。

"李老师，上次的文化课真的太棒了，许多学生的家长都打电话向我表示感谢，希望以后还有这样的课……他们因此也特别想去中国看看，还希望我组织他们一起去。"后来，艾芙兰女士如是说。我想，虽然中土两国文化有所不同，审美取向也可能存在差异，但是对于美好的事物，大家都是乐于接纳和充满兴趣的。

浓情火锅

有时候，在我和艾盖的汉语课结束后，大使先生和艾芙兰女士会和我一起坐下喝喝茶闲聊一会儿。有一次，当聊到中土美食的时候，大使先生说："赟天，你知道吗？我非常怀念中国的火锅，尤其是到了这样寒冷的冬天，真的是更加想念。"艾芙兰女士也在一边点头称是："艾盖也很喜欢火锅，在中国的时候我们经常吃火锅。可惜现在回到土耳其，这边没有火锅了。"刚巧，我来土耳其的时候带了一些清真火锅底料，于是我便提议："要不我们也做火锅吧，安卡拉的冬天和火锅也一定很配哦。"结果，当大使先生和艾芙兰女士还在惊喜的时候，听到了"火锅"一词的艾盖先拍手兴奋地叫了出来："火锅！火锅！火锅！""看来艾盖是真的很喜欢火锅呢。"看着艾盖满是期待的神情，我笑着说道。于是，我和大使夫妇商量好了时间，约定在一个周末来一个火锅派对。

到了那天，没想到又是大使先生亲自来接我："赟天，今天我们吃中国的火锅，所以你来当主厨，我们都听你的。"于是，我们便先去超市买了所需要的食材，到家之后开始分工，洗菜切菜烧水，每个人都有明确的工作，就连艾盖也可爱地跑来跑去，帮我们传递食材和炊具。到了最后一步——我炒火锅料的时候，弥漫在整个房间里的香气让大使先生不禁大声赞叹："太棒了！就是这个味道！太怀念了！"艾芙兰女士激动地拿来中国戏曲的唱片开始配乐，而艾盖也一脸享受的表情，蹦蹦跳跳地在我身边一边摆出京剧的动作，一边围着我打转，迫不及待地想尝一尝久违了的火锅。"真的太好吃了！""好怀念啊！"当热气腾腾的火锅摆上桌以后，大使先生和艾芙兰女士一刻也不停地赞叹，艾盖也吃得不亦乐乎。

后来，我又从大使先生那里了解了更多他在中国的故事："赟天，

李赟天和埃森利副次长一家吃火锅。

我真的非常喜欢中国,就像我喜欢那天晚上你给我们带来的火锅一样。我感觉我的生命和中国有着很深的缘分。你知道吗?我和我的妻子艾芙兰就是在一次宴会上遇到的,当时我问她喜不喜欢中国菜,她说喜欢;我又问她喜不喜欢中国,她也说喜欢;当我又问她愿意不愿意去中国的时候,她还是给了我非常肯定的回答:'愿意!'于是,当时我就觉得她是我命中注定的那个人。你看,要不是中国,我还不一定能够在茫茫人海里找到她呢。而且,你知道的,我们的孩子艾盖也是我们在中国的时候出生的。我真的觉得,艾盖就是中国给我们的惊喜和最棒的礼物。所以你看吧,我生命中最重要的两个人,其实都是和中国紧密相关的,现在,你能了解我有多么喜欢中国了吧。"看来,眼前的这位外交部副次长、前任土耳其驻华大使阁下,真的是与中国结下了不解之缘,对中国是发自肺腑地热爱啊。

后来,我和大使之子的汉语课一直持续到我离任回国。而在和大使一家近十个月的相处中,还有许许多多这样温馨而又难忘的故事。

我忘不了艾盖稚嫩的"李老师你好""李老师再见",忘不了艾芙兰女士每次真诚而又热情的招待,更忘不了安卡拉夕阳下大使先生说起中国时眼里饱含的深情。

这就是我想告诉你的,也只有我能告诉你的,我敬佩和爱戴的穆拉特·萨利姆·埃森利先生和他的一家。他在北京任土耳其驻华大使期间,促成了多项惠及中土两国人民的政策和协议,包括对我们中国老百姓最直观的、极大地方便了我们赴土耳其旅游的电子签证等一系列的政策。即便离任回国,担任了负责欧洲事务的外交部副次长,埃森利先生也仍然在心里牵挂着中国。他不仅是我们中国人民的"老朋友",更是我们中国人民的"好朋友"。而对于我来说,与埃森利大使一家的难忘故事和这段美好的汉语缘,注定了我在以后的日子里回想起来,心里就不觉暖洋洋、亮光光的。

难忘的龙头村之行

爱达（中国国际广播电台土耳其语部专家）

"龙头村，我来了！"

2016年春节，我和一些来自不同国家的朋友们来到陕西省安康市龙头村，度过了一个让人难以忘怀的中国年。在龙头村的日子里，我踏遍了这里秀丽的山山水水，结识了热情好客的当地百姓。尽管我和这里的百姓语言不通、信仰不同、文化各异，但我们的心却是相通的。我和他们同饮一瓢水、共唱一首歌，分享着共同的价值，谱写了一个个精彩故事。异彩纷呈的当地文化，我和当地百姓之间的手足情深，都深深地刻在了我的心上。

龙头村，对于我现在的工作地——首都北京来说可谓"穷乡僻壤"。而在这个陌生的国度中，每天游走在钢筋水泥的城市森林里，我并未感到充实和满足，相反，我越发感到孤独和隔阂。人们每天忙忙碌碌，在城市中穿梭不停。冬天的皑皑白雪，夏天的烈日炎炎，面对川流不息的车水马龙，我的内心对家乡的思念更加强烈。也许，当找到回家的感觉，我也就找到了中国文化的精髓。我不禁扪心自问：当我纠结于到哪个餐馆就餐，或是否要为高档商店里的一双高档鞋而"忍痛割肉"时，我是否应该对这个陌生的国度的文化和生活有更深入的了解呢？于是，我渴望一次说走就走的旅行，我满怀激情地期待去触碰中国的文化，认识中国朋友。

我的出生地是距中国万里之外的土耳其。我的童年是在一个叫作米哈勒吉的小镇度过的。根据2015年的数据，我出生的镇子只有

8000人口。很遗憾,这个小巧、精致的城镇也无法逃脱被城市化的命运。

我的家乡距离埃斯基谢希尔市中心有90公里的路程。冬天,这里的大地银装素裹;夏天,这里的草原郁郁葱葱。孩提时代,我是个爱幻想的孩子,中国对我来说是一个既陌生又亲切的遥远的国度。我经常冲着大山呼喊:"嗨,大山你好!你能告诉我大山那边的国家是什么样的吗?"虽然那时我还没有去过中国,但我却很好奇那里的人们吃些什么,他们会因为什么而流泪,当他们抛下生活的烦恼而去辛勤劳动时,是否会收获快乐?这个期盼已久的梦想让我经常心驰神往。

后来,我学了中文,并来到中国留学。我去了中国很多地方——苏州、杭州、上海、北京、安徽、西安、无锡、南京、绍兴,等等,使我近距离触碰了中国的脉搏。俗话说的好:人类的文明始于农耕,你想近距离了解一个国家的文化,最好的方法就是去到那里的农村。

2016年春节期间,中华网、中国国际广播电台土耳其语部、中国乡村文化保护与发展志愿者协会联合主办了走进陕西省安康市龙头村的活动。在龙头村,我度过了一个地道的中国年。我深切体会到了中国丰富多彩、原汁原味的传统文化,感到自己真的不虚此行。

"啊!我回到故乡了。"

2016年2月17日,我们乘坐高铁从北京来到西安,这段旅程很舒适,不过接下来,困难接踵而至。首先就是接下来三个小时的车程,我们要从西安乘坐老式绿皮火车到目的地龙头村。尽管如此,我的激动之情依然溢于言表,因为我们要去的村落将迎来到访它的第一批外国人,我就是其中之一。另外,我也并非独行,还有一位孟加拉朋友、一位伊朗朋友和一位印度朋友,我们一行四位"驴友"分享着相同的快乐和喜悦。当我们看到火车的第一眼,发自内心的声音就不由自主地对自己说:"年轻人,你们准备好了吗?一个既神秘又亲切的村落正在等待你们的到来。"

我们乘坐的火车车厢全部是卧铺,我在车厢内转悠了一圈后回到了自己的包厢。我们的包厢有四张床、一张小桌、一个垃圾桶和一个真空保温瓶。在中国,很多大城市生活的人们早已对老外见怪不怪了,而这辆车上的人们却不然。很显然,我们成了列车上旅客们的"研究重点"。我也向对我投以好奇目光的中国朋友们报以微笑。在车厢里,我还打了热水并为自己准备了一份火车出行的好伴侣——方便面,希望能愉快地享用。

我们旅途的第一站是旬阳。我在北京和上海生活了五年,已经习惯了平坦的平原,而旬阳蜿蜒曲折的山坡让我震惊,我的思绪瞬间就被这迷人的景色带走了,眼睛似乎也湿润了。我从内心深处不由自主地说了一句:"啊!我回到故乡了。"这里的山峦像极了童年时我印象中的家乡的连绵起伏的大山,那些我不知道的所有的神秘的东西都仿佛隐藏在大山深处。我很想对它们说:"不好意思,因为我们的到来,打破了你们生活的宁静,但你们给我的生活带来了无穷乐趣。"

土耳其的地形很复杂,许多城市都是依山而建。我喜欢根据一个定居地的地理和气候等自然因素去分析那里人的性格特点,因为除了语言、宗教和教育等因素外,决定人性格特征的最大因素就是地理位置。比如,中东、阿拉伯地区燥热的气候使得生活在那里的人形成了急躁易怒的性格特点,而生活在土耳其黑海地区的人说话语速快、做事动作快,因为那里是山地地形,房屋都散落在一座座小山坡上,从一地行至另一地需要跨越崇山峻岭,而且,乌云说来就来,山雨说下就下,太阳会瞬间消失。在这样的环境下,黑海人能创造出"火舞"这样热情奔放的舞蹈就不足为奇了。

经过一路颠簸,我们乘坐的汽车终于抵达此行的目的地——龙头村的边缘,这里的大山很快就挡住了我们前进的道路,我们只好放弃

爱达（左2）和同事们在村口受到龙头村村民们的欢迎。

交通工具，徒步完成剩下的两公里路。一进村，我就发觉这里简直是土耳其黑海地区村庄的翻版，散落在村边上的小平房使我不禁怀念起故乡。

龙头村有着蜿蜒曲折的道路、波涛汹涌的汉江、寒风刺骨的天气，这一切都影响并决定了当地人的性格。所以，生活在这儿的人们懂得充分合理地利用时间和现有条件，他们勤俭节约、勇敢坚韧。而随后跟他们的接触，则更好地印证了这一点。

我们刚走到村口，当地百姓便敲锣打鼓，欢天喜地地前来迎接我们。村民们奏响了传统乐器，使我们乐得合不拢嘴。当地百姓的表情是既好奇又喜悦，他们不停地冲我们挥手致意。我们四个老外也没闲着，用手中的乐器加入了村民们的合奏。为了感谢村民们在两公里步行的途中用双肩帮我们搬运行李以及为我们精心准备的欢迎仪式，我们也即兴演唱了外国歌曲来回报他们。

之后，我们径直走入了晚上要留宿的人家，就是中国乡村文化保护与发展志愿者协会的创始人之一刘煊岐老师的家。这是一个由四间房组成的院落。村民们基本全来了，几个餐桌上竟然挤了40人，好不热闹。我想，全家人聚到一起享用晚餐是全世界所有人的共同乐趣，也是世界各地很多节日中不可或缺的环节。

夜宿龙头村

在龙头村的第一晚，可以说是我迄今为止在中国度过的最寒冷的一个夜晚。夜里，当我冰冷的手触摸到门闩的一刹那，整个人都僵住了。由于怕我们这些老外冻着，村民们为我们准备了很厚的棉被，我和同屋的中国朋友一直聊天到深夜。尽管如此，村民们对我们的担心和自责让我很于心不忍。由于家里没有供暖系统，他们怕我们在寒夜中冻得感冒生病，总觉得自己照顾不周。在嘘寒问暖的同时，他们为我们准备了丰盛的美食。对于他们的招待，我不知如何用言辞来表达感激之情，只能一遍一遍地讲出我有多爱这里，我告诉他们，这里的美食是独一无二的。每天清晨，还没等我说"早上好"，他们总是自责地开口问道："你们习惯这里的饭菜吗？我们这里很贫穷，屋子里也冷，你们千万别见怪。"

龙头村人就是这样热情好客，因为他们，我们忘了自己身处异国他乡，他们的存在弥补了我们对远方亲人的思念之情。像中国这样国土面积巨大的国家，让全国所有村落都赶上北京上海，恐怕并不实际。也许龙头村在基础设施建设方面仍不健全，但这个小村子却给我留下了深刻而难以忘怀的印象，第一是这里的人们勇于面对自然险阻，懂得知足感恩；第二是尽管没有高楼大厦，却有着屹立百年的保存完好的老屋；第三是良好的自然环境。

近年来，由于大城市拥有更多的就业机会，龙头村的年轻人大都离开了故土，村里剩下的大都是上了岁数的老人。尽管他们在大城市的孩子们生活条件好，希望将父母接到城里居住，但这些老人们并没有听从子女的建议，他们无法抛下祖传的老宅和田地，无法割舍自己的根。就像村里的人一样，龙头村的房屋也都很老旧，其中的一间房子竟是清朝时期所建，其他的也是至少有70年历史的泥砖房，屋里有能刚刚满足基本生活需求的家居用品，一张桌子、几把木凳、厨房用品、锅灶和床。由于村民们大多数时间是在庄稼地里度过的，所以家里也不需要太多家具。

原汁原味的村落文化

和龙头村善良友好的村民们相处了一天后，我们就迎来了农历新年。这里的舞龙舞狮可能不如城市里的那样光彩夺目，但为使我们也能和他们一起尽情欢乐，村民们将家里仅有的材料都贡献出来，用自己的双手帮我们缝制我们要使用的服装。在条件有限的前提下，创造力就会变得无限大，龙头村的手工龙狮也是这里的人们高超创造力的产物。

我在中国看到过不同版本的舞龙舞狮，显然，龙头村的这次更加与众不同。其中最有意思的就是跑旱船，每个跳舞的当地人都有一个专门的角色，在船里划船的必须是女性，她要随着环绕在她周围的女人和男人们一起跳舞，船头要有一名男子一边做出在海里前行的姿势，一边高唱《花姑子》民谣。在欣赏了村民们的跑旱船表演之后，划船的任务便交到了我们四个外国人身上，我是四人中唯一的女性，显然要扮演起在船内划船的角色。就这样，一个孟加拉人、一个伊朗人、一个印度人和一个土耳其人在龙头村村民们面前班门弄斧地表演起了传统的中国民间舞蹈。

爱达（右3）和同事们体验当地农村乐器。

除了深入村民们的生活外，我们还学习了当地制作豆腐和白酒的方法，可能很多中国朋友都没有这样的经历。豆腐在中国的消耗量巨大，白酒是中国的一种传统饮品。龙头村制作白酒的原材料是"拐枣"，这种拐枣树随处可见，用其做出的白酒是龙头村村民晚饭必不可少的饮品。

我们在龙头村还了解了一些传统手工艺，那些我们要通过专业课程才能获得的技能，对于村民们来说却是手到擒来。龙头村的房屋建筑工艺既简单又美观。此外，竹木制品也是龙头村最引人注目的手工艺品，木桌、木凳、竹篮等很多生活用品都不用花钱从城市的商店购买，因为获得原材料很简单，出门就是竹林和拐枣树。

龙头村妇女们最独特的娱乐活动就是刺绣，她们绣出的每件作品都意义非凡。以前在我的家乡，女人们为了表示对她们心上男子的喜

爱达体验旱船表演。

爱，会亲手为他们绣手帕，而龙头村的女青年们则会为她们深爱的男子做一双新鞋。即使由于某些原因他们分开了，或者男子远离故土，他会永远带着这双鞋，而他踏出每一步，都能想起这些爱的点滴。

枕套也承载着龙头村女人们对爱情的憧憬，通常，枕套是送给新婚夫妇的礼物。枕套上绣的最多的图案就是在中国文化中占有重要地位的、象征吉祥幸运的凤凰。为新婚夫妇在枕套上绣的凤凰是对称的，新人们枕在凤凰的翅膀上，象征着将白头到老，永不分离。

"姑娘，再吃一口吧！"

在龙头村，我们虽为客人，尤其还是外国人，但我们的感觉却像

爱达展示获赠的纯手工鞋垫。

在自己家里一样。印度、土耳其、孟加拉、伊朗或者世界上任何一处农村从形式上会各有不同，但事实上它们之间也有很多惊人的相似之处，比如人与人之间紧密的联系和热烈的情感。我们几个外国人有幸在龙头村度过了新春佳节，体会到了这里人与人之间的深厚情感和相敬如宾的邻里关系。

　　走在路上，甚至走进小巷里，我看到村民们的大门都敞开着，他们从不担心会有小偷，因为大家都彼此熟识、彼此信任。无论谁路过门口，屋里的人总会问一句：吃饭了吗？如果得知对方还没有吃，主人就会马上拿来食物，也许只是一碗小米粥，但是如此的慷慨却很能温暖人心。这种情况在土耳其的很多地方也很常见。和这里的中国朋友最相近的一点就是，如果家里来了客人，无论他贫穷还是富有，主人都会盛情款待。尤其是在节日期间的土耳其，人们不喜欢拒绝主人邀请的客人，所以此时你绝不能表现得不好意思。土耳其人的待客之道是在饭后或者喝红茶时都有搭配甜点的习惯，因为土耳其人相信，吃的甜，嘴就甜。而中国人在招待客人吃饭时则生怕客人吃不饱，他们总会说：再来一点吧。

期待重聚的一天

在龙头村的短短几天里，我们呼吸着清新的空气，吃着没有任何添加剂的食物。在这片土地上种植的蔬菜瓜果都是绝对的绿色食品，什么时候想吃直接采摘即可。在这样一个远离科技、远离朋友圈、远离网络的环境下，我们可以亲近自然、聆听内心。在龙头村，最美好的就是能和善良的人们同吃同住，当然，最后的离别也成为此次龙头村之行中我们最难以承受的事。

在三晚四天的时间内，我们习惯了这里，成为当地人中的一员。我不知道该用什么样的词语来形容离开龙头村时内心的不舍，但其实根本不用形容，我们满含泪花的眼睛已经诉说了一切。面对离别，伤怀的不仅仅是我们，上天也用它独有的方式来替我们诉说，那天，龙头村迎来了许久未谋面的大雪，漫天飞舞的雪花和我们噙满泪水的双眸都加重了离别伤感的色彩。想起要和我们几天来朝夕相处的人们作别，我们的心情异常沉重。

举办此次活动的中国朋友跟我们转达了村民们为对我们招待不周表示的歉意之后，我的泪水再也无法控制，甚至现在写这篇文章时，我依然是泪眼婆娑。我们离开的时候，龙头村的村民们重复着相同的问题：我们很贫穷，条件有限，是不是对你们招待不周啊？你们喜欢我们的饭菜吗？你们还会再来吗？还是仅仅是来玩的，一回家是不是就把我们忘了啊？

龙头村的朋友们,从你们身上,我看到了远超任何华丽的辞藻的发自内心的真诚,你们的内心比大海更宽阔。我希望能用这篇文章再次敲响你们的房门。我们共同度过了短暂的几天,但留下的回忆却将永恒。我希望通过这篇文章,不仅仅能和你们,也能和所有的中国朋友一起分享。生命短暂,情感不灭,我相信总有一天,我会再吃到你们的可口的饭菜。为此,我将不懈努力。

(本文系作者用中文写成,并经赵蓓蓓、刘文俊润色)

陪同土耳其记者看中国

余引君(中航国际驻土耳其代表)

我受单位委派,有幸在土耳其这个美丽的国度工作生活已五年多。五年间,因为工作关系,我有机会和各个领域的土耳其人接触,其中有政府官员、商人、教师、学生,等等。每当和土耳其人交流的时候,我都十分愿意把中国的传统文化和汉语悉心地向他们作介绍。同时,我也对土耳其文化中很多独特的东西深感兴趣。为了更好地了解土耳其,我自学了土耳其语,可以满足日常基础对话所需;我拍摄了许多土耳其传统宗教和民居建筑的摄影作品;我还自学了土耳其苏菲派的吹奏乐器 NEY 等。我碰到中国朋友时,就把自己了解的土耳其风土人情和民俗文化介绍给他们,不知不觉中就扮演了一个中土文化传播的小使者。而最让我引以为傲的,则是我有幸在 2013 年陪同使馆组织的土耳其 7 家知名媒体总编或知名经济专栏作家访华考察,全程陪同他们走访了北京和上海两地。一路下来,我和记者们成了好朋友,记者们也看到了两国文化上的相似点,对中国留下了美好的印象。他们回到土耳其后,纷纷在各自媒体上介绍了自己在中国的所见所闻和真切感受。

文化之旅

土耳其记者访问期间,正值上海举办"土耳其文化与美食节",这也是"2013 土耳其文化年"的重要官方活动之一。举办方将土耳其最负盛名的自然和人文景观以及各地最有特色的传统文化艺术形式直观

在上海举办的"土耳其文化与美食节"盛况

地展示给了中国民众，比如布尔萨民族舞蹈、科尼亚神秘的伊斯兰教苏菲派旋转舞、古代奥斯曼梅赫特尔军乐团表演、奥斯曼古代宫廷服装秀、土耳其传统皮影戏等，还展示了许多特色手工艺品，有些连我这个"老土"都是第一次听说。

记者朋友们和我都亲身体验了中国老百姓对土耳其文化的好奇与热情。我时不时可以听到身边参观的群众发出由衷的赞叹："土耳其棉花堡好漂亮，很像我们四川的黄龙"；"土耳其的坚果好好吃啊，一会儿买点带给亲戚朋友尝尝味道"；"土耳其人太热情了，他们仔细地向我展示了土耳其皮影戏艺术，我的儿子看得津津有味。"记者们都卖力地在采访观众，拍摄记录着中国老百姓对土耳其文化的热爱。

时任中国外交部副部长翟隽（右1）会见土耳其记者一行。

我们辗转到了上海的豫园，打算让记者们感染一把中国传统文化的味道。我们闹中取静，登上了一个茶楼的顶楼，记者们立马被茶艺师优雅的茶艺表演所吸引。土耳其是世界日人均茶叶消耗量最大的国家，土耳其民众对茶叶的喜爱是从小就被熏陶出来的。我告诉记者朋友们："土耳其语的 cai（çay）的发音和汉语里'茶'的发音非常相近。1000年前中国的茶叶经由丝绸之路传入小亚细亚半岛地区，进而传遍世界。中国和土耳其在1000年以前就有频繁的贸易往来和友好的传统。"记者们都饶有兴致，不断地重复着汉语"茶"的发音。我忽然来了个灵感，就对记者们说："土耳其语的你好（Merhaba）和上海话中的问候语'蛮好吧'有点类似，你们还可以学一句上海话问候一下上海的朋友。"一位记者朋友立马现学现用,蹲下身向边上围观群众中的一位小女孩说着:"蛮好吧,蛮好吧。"如此风趣和幽默逗得那个小女孩咯咯地笑。

在豫园的上海老街,我们见到很多传统手工艺人在展示中国传统手工艺品,比如檀香扇、工艺筷子、泥人塑像等。当大家见到中国的皮影制作时,都说这个和土耳其的布尔萨皮影艺术十分相似。土耳其民族使用中东地区特色的骆驼皮制作皮影。不同于中国皮影突出雕刻工艺,土耳其的皮影则突出彩绘装饰,塑造的人物表情往往都夸张奔放。我说:很多中国的 80 后一辈小时候就是听着新疆阿凡提的故事长大的,阿凡提就是活跃在中亚至我国新疆地区的家喻户晓的一个人物形象,应该用土耳其的皮影来演绎阿凡提的故事给中国朋友观看,一定会更有味道。

历史之旅

毛主席《清平乐·六盘山》中的诗句"不到长城非好汉"为全世界所熟知。长城是全世界旅游者向往的圣地,也是中国接待各国游客最多的景点。土耳其人的历史教科书里也对中国的长城作了重点介绍,所以记者们从一开始就对登临长城十分期待。

登长城那天正值 10 月 8 日,长假后第一个工作日,我们特地选择了游人相对稀少的慕田峪长城,这样可以充分感受和领略长城的险峻和雄伟。虽然经过漫长旅途和此前采访工作的劳累,记者们站在长城脚下还是按捺不住激动的心情,扛着摄像机开始飞奔,因为大家都迫不及待地想第一个登顶,领略"一览众山小"的美景。我虽尽力追赶,无奈还是被他们远远甩开。最后集体会师在最高的烽火台时,我看到每个人的脸上都露出了会心的笑容,也许每个人都体验到了一回做"好汉"的感觉。

休息间隙，我给记者们展示我在土耳其南部地区拍摄的塞尔柱王朝时期的城墙遗迹，其建筑形式类似于中国的长城，也是沿着山脊线而建，从海边一直绵延至山顶。记者们都十分惊讶于我还去过可能连土耳其人都未必知道的古迹。我还向他们介绍了当地人如何热情地邀请我去他们家里做客，我在游览时如何被无数当地居民拉着合影，当我迷路的时候又有多少好心人帮我指路。我对记者们说："土耳其人民的热情好客我是充分感受到了，我有机会一定还会带着朋友旧地重游。"

城市之旅

在上海，华灯初上，大家漫步在黄浦江畔，欣赏着外滩的古典与浦东的摩登，浦东浦西霓虹闪烁竟相争艳，大家纷纷举起摄影机和手机争相记录这美妙的建筑艺术景观。我身边的经济专栏作家穆拉特先生对我说："这是中国的曼哈顿！"我则饶有兴致地边走边向土耳其记者们介绍起中国的改革开放和经济腾飞的历史。

土耳其记者们在上海外滩合影。

交流篇

长城合影（右为余引君）

　　的确，北京和上海代表了中国改革开放的成果，展现了中国大都市的魅力和活力，向世界展示了中国的高度与速度。要问记者们对北京和上海感受如何，我摘录其中两位记者的报道。其中一位这样评价北京："北京，帝王之都；故宫，帝王之城。长城是伟大的古代建筑奇迹，两万多公里连绵起伏，帮助中国抵御了外族的入侵。中国人的热情和友好也深深感染了我。"而对上海则有如下评述："上海，中国最大的城市，人口2400万，也是中国的经济中心。以前这里仅仅是一个小渔村，今天则伫立着3000多座摩天大厦。上海的白天和夜晚都各有风味，独具一格。"

部委之旅

此次记者们访问中国的重头戏是拜会外交部和商务部,全面系统了解中国外交政策和中土经贸的合作情况。我也有幸全程参加了相关会见。

记者朋友们向我方领导表示,十分感谢中国政府的盛情邀请和陪同企业的热情接待,通过此行,他们对中国有了更新的了解。土耳其经济近十年来也实现了举世瞩目的高速增长,土耳其政府制定了在2023年建国百年之际进入世界经济前十强的伟大目标。目前,土耳其也有一些重要的基础设施项目在执行,如博斯普鲁斯海峡三桥与欧亚隧道、伊斯坦布尔第三机场等。有西方经济学家预测,世界经济的中心将重新转移到东亚地区,中国将在世界经济中发挥举足轻重的作用。土耳其媒体人有责任更多报道中国,让土耳其人民更多地了解中国,促进沟通,深化友谊。

我方领导表示十分欢迎记者朋友们来访中国,说中土两国自古经贸交往频繁,近几年两国合作程度逐步加深。两国都是新兴经济体和二十国集团(G20)成员国,经济合作有很强的互补性,双边贸易额呈逐年增长态势。中国政府采取多种举措,例如促进中国企业在土投资、鼓励中国人赴土旅游等,来平衡两国贸易逆差问题,并已经初见成效。中国企业耕耘土耳其市场多年,特别在高铁、电信、燃煤电站、资源储备等领域形成一批示范型项目,同时在航空航天、新能源、军工、金融等领域合作也取得了较大突破。

最后,我方领导也十分客观坦诚地表示:中国是一个拥有13亿多人口的大国,中国遇到的很多问题在别的国家可能从未遇到过。这次来访,土耳其媒体记者们领略了中国沿海发达地区的风貌。期待着记者朋友们下次有机会再去中国的中西部欠发达地区多走一走,以便更全面地了解中国，并且如实客观地报道中国。中国政府十分重视同土耳其媒体朋友的关系，希望能和媒体朋友一起努力实现具有重要意义的合作。

在陪同记者们于北京和上海两地看中国的过程中，我更加深切地感受到中土两国在文化渊源上的相近，感受到记者们对中国城市面貌和人民生活的深入认识，感受到中国民众对土耳其文化的热爱。

记者们用他们的眼睛和笔杆子记录着中国的景、中国的人、中国的心，同时也在他们心中种下了中国情的种子。在他们回到土耳其之后，我会时不时在闲暇时约几位记者出来一起喝喝茶、聊聊天，回忆一些过往的经历。记者朋友们都说，以后有机会一定还要去中国多走走。我也特地去翻阅了他们发表的文章，他们都真实地写出了自己的所见所闻所悟，客观地展示了当代中国的都市风貌和中国人的精神风貌，并把这些通过当地主流媒体的平台传递给了土耳其社会。我想，通过他们的宣传，会有越来越多的土耳其人喜欢中国和中国文化，越来越多的人来中国游览与生活，也将会有越来越多中土人民友好的故事不断延续并传承下去。

嫁到土耳其这片热土

包枫（土耳其籍华人）

1998年，我们结婚了。婚礼是在先生的老家阿菲永举办的，就这样，我第一次踏上了土耳其这片土地。

土耳其离中国近万公里，不是我所有家人和亲戚朋友都能来到这么遥远的地方参加婚礼的，因此由母亲一人代表和陪伴，我住在先生家提前专门为我们安排好的离婆婆家很近的一套空房等待出嫁。

婚礼前大家都很忙，未婚夫也不能随时陪伴，要搞清异国的基本生活习惯和婚礼习俗，都不知道去请教谁。离了未婚夫，语言就是障碍，老妈比我还急，一头雾水，难不成就这样稀里糊涂地把女儿嫁出去？哪个做娘的甘心这样！最后，在我们娘俩的要求下，未婚夫找来一位已经退休的小学教师作为我学习土耳其语的家教老师。

土语老师成了我的干妈

老师的名字叫法特玛（Fatma），大概50岁左右，中等身材，和蔼可亲，自然真诚，据了解，她是一位受学生们尊敬和爱戴的资深教师。我的土耳其语水平还不及幼儿园小朋友，她教我绝对绰绰有余，不过老师不懂英文，外国学生还是第一次遇到。法特玛老师就耐心地在屋子里指指点点，指到茶几告诉我这是 sehpa，指到杯子告诉我这是 bardak，指到衬衫告诉我这是 gömlek……我就像一个牙牙学语的孩子学习母语一样，而且也开始比比画画了。有时，我还主动问一些自己想知道的词汇和句子，老师马上写在本子上，我会一遍遍嘟嘟囔嚷地去念，以加强记忆。老师的亲和力让我没了任何拘束，从小到大上学时我对老师习惯性的敬畏甚至有时候会羞羞答答的神情也不知去向。名词还算简单，学到动词时，法特玛老师一边用土耳其语解释一边舞动着各种动作，我有时判断不出就瞎猜，常常逗得老师捧腹大笑，接着我也跟着一起乐，有趣极了。法特玛老师向先生汇报我的情况时说，学得很好，很努力，今天又学习了多少个某一类的词汇句子，等等，一顿夸奖我居然听懂了，顿时信心倍增。我还教了老妈几句，"你好"是"每日哈吧"（merhaba）；"坐下"是"呕吐"（otur）；"日安"是"——滚来"（iyi günler），逗得老妈笑得快流眼泪了。

慢慢地，老妈开始询问土耳其的婚礼习俗。我断断续续、磕磕碰碰地拼词凑句，加上手舞足蹈，寻求老师的解答与帮助。母亲表达了不只是操心我的婚礼，还有对日后我只身一人在土耳其生活的担心。法特玛老师很理解地安慰着老妈："我也有女儿，和芭哈尔（我的土耳其语名字）一样大。芭哈尔就像我女儿一样，从此以后我就是她的土耳其妈妈，您放心吧。""芭哈尔有需要的话，就找土耳其的娘家吧！"老妈和我无比激动，从此我有了土耳其干妈，有了在土耳其为我撑腰的娘家。

在婆家我成了"皇后"

说起婆家，每天面对一大堆的七大姑八大姨先不提，光先生的兄弟姐妹就有10个。11个孩子的大家庭中，先生排行老四，其他有已经结婚自己过日子的，也有未婚的弟妹。已婚的兄弟姐妹也都住得很近，几乎每天不是这几位来看看，就是那几家来走走，孩子们更是天天来串门，我练习土耳其语就太有环境了。曾经见过的英语角都算不上什么了，这儿的"土语角"处处都是，时时刻刻！高鼻梁、黄头发、黑头发、蓝眼睛、咖啡色眼睛……这些既欧洲又很亚洲的孩子们不知要比他们的父母热情多少倍！

　　记得第一次见到我时，亲戚的一群孩子围在我周围，没记错的话当时围了三圈，水泄不通。我开始拼命地去记每个人的名字，忘了就问第二遍、第三遍……哪怕问一百遍，他们都觉得理所应当，开心地回答，这种理解和照顾让我倍感亲切和由衷的感激。孩子们还会帮助我练习土耳其语呢，有时孩子群中会忽然有人指着墙问我："这是什么？你学会了吗？"然后又冒出一个声音："那是什么？你知道吗？""芭哈尔婶婶，我教你这个吧！""你知道××是什么意思吗？""刚才那个词记住了吗？"我的老师有这么多呀！真是受宠若惊。我这个学生不停接招。刚要站起来，就有孩子问："婶婶，你去哪儿？""要喝水吗？我可以拿来。""肚子饿吗？""想要什么？我们帮你。"……真是无微不至，热情得快把我融化了。

　　有一次，我翻开书指着 yuvarlandı 这个单词问："这是什么意思？"先生表弟的 10 岁上下的女儿艾莎示意让我看她，只见她一个箭步窜上屋子的几级楼梯，又示意让我注意看她的表演，她一边说"就是这样"一边从楼梯上滚了下来，我吓得赶紧跑去扶她。她那瘦小而灵活的身体腾地一下站了起来，不等我反应便马上问道："看到了没有，这就是 yuvarlandı。"听完并看到她的确没事，我恍然大悟，哈哈大笑，原来是为了我学这个词作真人示范，实在形象，我像看电影一样，小小紧张之余全是开心。只要我说要出门，马上就会有孩子把我的鞋整整齐齐地摆放在我面前的地板上，就差替我提鞋了。老妈看在眼里喜在心里，她终于放心了，悄悄对我说："你这简直是皇后级待遇啊！"

美丽荷大姐带给我一片天地

　　婚礼后，我们离开了阿菲永市，返回中国。当我再来安卡拉时，

2001年,抱着大女儿的包枫与美丽荷大姐合影。

已是 2000 年的冬天。在这个新世纪的开始,挺着大肚子的我再次踏上了这片有我的干妈、有我先生一大家子的土地。

当时疯传世界末日即将到来的说法,但世界仍旧正常运转。我发现婚礼前后待在土耳其那一两个月学到的土耳其语少到完全不够用,这倒真给我一种世界末日般的感觉。要融入这个社会,还要为即将出世的中土混血宝宝做出多语的榜样,就得学习土耳其语,好在我很快就重拾了信心。

据说那是安卡拉十午来最冷的一个冬天,大雪漫天飞舞,我大着肚子怎么去土耳其语学习班呢?决定是,自学吧!那时中土两国来往还不多,连中土或土中字典也没有,学习土耳其语的书籍买来了,我那地地道道的土耳其先生就成了我的活字典。

先生是土耳其人,也就意味着我整个泡在土耳其的环境里,土耳

包枫一家（左1是她的丈夫）与朋友在土耳其餐厅共进晚餐。

其语言、土耳其人民、土耳其文化包围着我。先生的家人也是我的家人，先生的亲戚也是我的亲戚，先生的朋友也是我的朋友，我很想做个优秀的有中国特色的能和他们打成一片的土耳其媳妇，就一定离不开与家人、亲戚和朋友的交流。不过，很快我就发现"活字典"白天是要去上班的，使用时间只能在下班之后。怎么办？那天正巧在楼门口遇到了友好微笑的邻居，她主动和我打招呼并且很有礼貌地介绍了自己。她叫美丽荷，住在三层，并邀请我有空到他们家喝茶聊天，我也礼貌地向这位大姐作了回应。两天后，我应邀去她家喝茶，进门时和平常一样行最基本的见面礼：左拥抱右拥抱。她一边拥抱，一边热情地对我说"欢迎"，请我进了客厅。

打眼望去，客厅里坐满了妇女，原来这是一个妇女聚会。坐定，经介绍得知，这些都是她的朋友。大家一个个开始向我问候：你好！

你好吗？你是哪国人？你多大了？哦，看起来这么年轻；什么时候到土耳其的呀？你怀孕几个月了？宝宝是男还是女呀（在土耳其，孕期被告知胎儿性别是习惯做法）？身体还好吧？你烦了的时候就来找我们聊天，我们都是你的朋友……话题一个个打开了。我一边接过主人递过来的一大盘子漂亮诱人的糕点，一边乐呵呵地迸着我语法混乱的土耳其语与大家聊天。美丽荷大姐指着盘子里各种土耳其特色的酥饼、点心、蛋糕等，告诉我这些都是她自己做的。我的嘴张得老大，我的天呀，我还以为是从外边买的呢！我第一次这么惊讶，因为这些食品不但很有看相，味道也香醇可口！不知不觉中，我消灭了一大盘糕点。印象最深刻的便是卷了香蕉的蛋糕，我羡慕不已地问："这是怎么做的呀？这么好吃！"美丽荷大姐说："很简单，我写下食谱，照着这个你也能做出来。"这顿又吃又聊的聚会，她们又都这么热情，让我兴致勃勃、开心满满，或许是因为发现自己土耳其语稍有进步能够对话的喜悦，或许是肚中宝宝和妈妈一起吃饱喝足的愉悦，或许是收获到了从来没有期待要学的蛋糕食谱，或许是她们把我当作朋友真诚以待的快乐，或许是想起远亲不如近邻的踏实感……

蛋糕食谱在手，实在按捺不住要试一把做那香蕉夹心蛋糕的心情，我一边看食谱一边回忆美丽荷大姐的解释，同时把备好的各种料一样一样地倒入盆中混合。鸡蛋、牛奶、面粉、发酵粉、黄油这些食材倒没有让第一次做蛋糕的我有什么疑惑，唯独看到"一杯白糖"这里，我整个人定住了，心想，这怎么可能？一杯太多了！写错了吧？一勺吧，或几勺吧？我顺手抓了一旁的小姑子来问："一杯糖太多了吧？写错了吧？"一句话把小姑子问懵了，她愣愣地望着我说："你不就是要做蛋糕吗？没错啊！不会错的！"我还有点怀疑小姑子不懂，说："我一年也没有消耗过这么多糖！"于是，我决定只放四分之三杯。她无奈地说："这样也行，如果你不喜欢太甜的话。"蛋糕烤好后，美丽荷大姐来了，她正关心我的蛋糕做得如何呢，刚好拿来给她品尝。她吃了一口就说:"怎么不甜呀?"听我说只放了四分之三杯的糖,她恍然大悟:"我说呢,本来就知道你不喜欢太甜,所以我才写了'一杯糖',平时我会放一杯半的。"原来,细心的美丽荷大姐早已为我考虑好了。后来,她又教了我做土耳其的烤奶酪饼、酸奶汤、通心粉等。有时候,她还会把较有技术含量的、我一时学不来的土耳其特色美味做好,送到我家来。

我们一家三口与美丽荷大姐一家不时往来做客,或吃饭或喝茶,或逛街购物,我也向他们介绍中国文化和美食,他们对此颇有好奇心,有时候也会问些见怪不怪的问题。有一次,美丽荷大姐的女儿见到我们家有五星红旗,就兴奋地大喊:"紧绷绷,紧绷绷,我和我哥都支持紧绷绷。"我正感到奇怪的时候,美丽荷大姐已经笑得前仰后合。看到我一脸茫然,她作了解释:当时土耳其有两支最有名的球队,其中一支叫加拉塔萨雷,小女孩和她哥哥都是这支球队的粉丝。这支球队的代表颜色是红色和黄色,小女孩看到中国国旗是红色和黄色,还以为是这支球队的队旗。"紧绷绷(cim bom bom)"呢,是他们啦啦队的助威口号。

病房里感受家的温暖

宝宝就要出生了,在医院做过检查后,医生说:"开了两指,今晚就住院。"这家安卡拉医科大学附属医院是正规的大医院。医院有规定,不到医生认为必要时,家属夜里不可陪同,过了规定时间不可探望、不可逗留,而且医生认为我不会当晚就生产,所以没有必要陪同。当时,正赶上这家医院装修,我被安排在的一个很大的九人病房里,虽说人多,但很宽敞,病人及家属都互相关心体贴,问寒问暖。马上就有病友主动问我的情况,看看我有什么需求,表示会帮助我。其中包括一位刚流产的妇女,好像还不是第一次,我向她表示同情,她说会为我祈祷顺利生产。

旁边病床那位产妇是晚饭时间生完了孩子回到病房的,看到她的小宝宝那么可爱,我感叹土耳其孩子大眼睛高鼻梁一出生就看得出来。产妇由她母亲陪着,这位阿姨一会儿抱抱宝宝,一会儿换尿不湿,忙得不亦乐乎。这令我十分肯定,任何国家的母亲都是这样心疼自己的孩子和孙儿的。见到睁着两眼不睡的我,阿姨关切地问了一声:"你不困吗?"我说:"困,但是睡不着。"她说:"你还是尽量睡吧,生完孩子以后就没法睡觉了。"经她提醒,我谢过后就努力入睡,但还是睡不着,结果,半夜3点半忽然破水。凭以前听来的常识,我有些紧张了,好心的阿姨马上去叫了医生带我进入产房。有规律的疼痛由轻到重,想喊护士来问一下我的情况,可"护士"这个词土耳其语我不会说啊。我脑子里迅速地翻腾着最接近护士的词,有了!"秘书"!"秘书"这词我会说,剧痛中我艰难地喊着:"sekreter(秘书)!"一遍遍连续喊,护士终于来了,说:"我是hemşire(海木袭来,护士的意思)。"太好了,她蛮聪明,明白我这老外的意思了。我借机赶紧又学了一个词,这辈子都想不到人在生产时还会学外语!她继续问我:"需要什么帮助?""我要吐。"这句话我真的会说,整个孕期最常用的语句之一。护士麻利地转身拿来托盘,还递给我纸巾。那时,先生、老妈、婆婆、公公在家里完全不知情。那年代不像现在,人人一部手机。临产疼痛加剧的那会儿,我真是困得要睡着了,刚快睡着又痛醒了,一遍遍反复,五分钟一次,我一次次大叫。正疼痛难忍时,那位流产病友听到我大叫,问我:"痛得很厉害吗?"并告诉我:"左侧躺,我帮你按摩一下。"天哪,又是皇后级待遇,关键时刻这真是巨大的安慰。她轻轻揉我后腰,还告诉我:"如果要喊就喊安拉(真主),真主会帮你减痛。"我真的喊了,不管是按摩的还是喊的原因,我的后腰疼痛果真减轻,明显舒服些了。听医生说已经通知了我先生到医院,我请求这位好心的病友出去看一下我先生有没有来,她答应了我,并劝我放心，这才出了产房。在分娩最痛苦的时刻，给了我极大安慰的竟然是一位素不相识的土耳其姐妹。我内心对她充满了感激，愿真主保佑她下次可以顺利生产，愿真主也赐予她一个梦寐以求的健康可爱的宝宝。

远亲不如近邻

如今，我大女儿已经16岁，二女儿也8岁了。不知不觉中，我在土耳其生活了16年，期间搬过好几次家，但每搬一个地方，都有像美丽荷大姐那样的邻居。土耳其妇女们很贤惠，而且各有绝招，各种各样的肉饼、烤肉、特色饭菜，各种各样的沙拉、甜点，她们都以最热情的方式呈现在我的面前。她们非常喜欢孩子，任何时候都不拒绝带孩子一起做客，不用打招呼，大家都很习惯。大家都是母亲，都尽可能地给予彼此最大的方便。在这种妇女聚会中，我的土耳其语越来越有长进，没去过一天补习班。

几年前，我母亲病逝之际，我不得已撇下两个孩子在这儿，自己紧急回国。孩子们的爸爸工作很忙，常常下班回来很晚，我担心孩子们放学回家忘记拔下插在门上的钥匙，所以走之前敲了隔壁邻居妮拉的家门。妮拉是一位有着三个孩子的年轻、美貌、开朗、勤劳、贤淑的母亲，也是每天要早起去国立学校上班的心理辅导老师。孩子们的父亲哈桑先生是医生，我的孩子们平时有些小病小痛的都会找他，省了去医院的一趟趟折腾，他备有的药会马上拿来给我们救急。同样，他们有需要时，家门的钥匙也会托付给我们。孩子们的姥姥经常从另一城市来这里居住一段时间，我拜托她们每日检查一下房门和孩子是否安全到家就可以了，妮拉和她母亲告诉我："芭哈尔，你放心回去看母亲吧。我们会照顾好你的孩子们，就像你每天在家一样，一天都不会让她们挨饿，只要有我们一口饭就有她们一口。"听罢，我泪如泉涌。果真，我在国内的日子里，好邻居不但检查房门和孩子们，还每天都送来晚饭，有时还进门帮助收拾一下房间，过问孩子们有什么需要。我的家人和亲戚听闻此说都感到非常惊讶："竟有这么好的土耳其人！"并提醒我："回去一定记得从中国带礼物向他们表示感谢！"其实，土耳其语也有"远亲不如近邻"的说法。

还有很多的感动：小女儿纳纳同班的小闺蜜阿荷散的爸爸吉汗先生是我们多年的朋友，听说纳纳坐班车上学有时会头晕恶心，他就主动提出开车接送自己女儿的同时可以顺便接送我的孩子。他这样做已经近一学期了。阿荷散的爸妈说："芭哈尔一家就是我们的第二个家！"所以，有需要时，我们也会像照看自己孩子一样，照顾这对工作繁忙的夫妇的孩子们。

在土耳其这片热土上，我感受到的温情太多了。这十几年里，我见过了不知道多少个像美丽荷大姐、不知名的病友、哈桑先生一家、吉汗两夫妻这样善良、真挚、热心的土耳其朋友，不知道和他们聚会、聊天、野餐过多少次，享用过多少次土耳其美食。不知道我也多少次地做了中国美食给朋友邻居送去，请了多少客人来品尝出自我这个正宗中国人之手的晚餐，又有多少人对中国美食赞不绝口，也不知道我给多少土耳其朋友教过按摩穴位和经络。还有那闺蜜一家，盛情邀请我们一家去她们黑海老家度假；还有爷爷摘了自家花园最漂亮的花送给孩子们；婆婆亲手为我栽种了这里买不到的中国油菜；朋友在我的生日偷偷订蛋糕、买花送礼给我惊喜；还有学生们曾给我这个中文老师打了最高分数，让我体会到了被爱戴的幸福感和他们学习中文的热情；还有小朋友拉着我不放我走时那种对我的依赖……不知道多少次相拥，不知道多少次感动。一切一切，都历历在目。

美食结友谊

刁丽（中国驻土耳其大使馆工作人员）

在土耳其首都安卡拉市区，有一条街叫 Tunali。这里遍布各种大大小小的商场、店铺，尤其是各式餐馆，吸引着来来往往的土耳其人和前来观光的游客。值得一提的是一家名为"五羊"的中餐馆，它是安卡拉唯一一家由中国人自主经营的餐饮门店。

这家店地处主街旁一条不太宽的道路边，远远看去，红红的灯笼高悬，具有典型的中国特色。门廊上方挂了一块有着广州市标志的五羊雕塑图招牌，领头羊昂首挺立，目视远方，这是许多中国人熟悉的画面。店内的陈设也中国味十足。右墙上醒目地挂着大幅的万里长城图片，画面上的长城蜿蜒起伏、气势雄伟。包间内是传统的深褐色木雕花桌椅，墙上还有多幅中国字画和展现中国建筑风格的彩照，环境显得古朴大方。现在，这里一次就能同时接待 100 多人用餐。

满满中国味儿的包间

兼具中土特色的菜品留住了土耳其常客

店老板丁师傅和老板娘张女士都是河南人，年轻时曾在广州学习过厨艺和服务，经验丰富，技术颇佳。他们于1990年先后来到土耳其，曾在伊斯坦布尔及安卡拉的其他地方工作了多年。在长期的异国生活中，他们发现土耳其人当中也有不少喜欢尝试中餐的朋友。正好碰到合适的机会，他们就用自己多年辛苦劳作攒下的积蓄租下了现在这个门脸，努力打拼，经营起这间中餐馆。

为了让土耳其朋友喜欢尝试且接受比较正宗的中餐，夫妇俩对菜品进行了很多种改良。他们细心观察了解客人们的习惯和爱好，潜心研制出适合土耳其人口味的菜品，推出了酸甜系列：糖醋鸡、糖醋三文鱼、芝麻牛肉条。还有其他味道的：鱼香肉丝、脆牛肉丝、宫保鸡丁、风味牛肉、铁板虾、茄子煲、酸辣汤，以及春卷、煎饺、水饺和广州早茶点心，受到土耳其朋友的喜爱。喷香的牛肉面、特色的炒面也是不少人的首选。现在，店里的菜品已经达到70多种。同时，他们仍然很好地保留了正宗的中国味道，让当地人和中国人都能恰到好处地尽享可口的美食。如果是当地人或外国客人来点餐，店里还免费赠送蛋散（广式点心的一种，和了鸡蛋的面浆炸成的小食），并配上两种蘸料——酸甜酱和香辣酱。除此之外，店主还会附送自家制作的酸辣爽口的泡菜，作为餐前开胃菜。土耳其是个有着地中海饮食习惯的美食国度，传统的土餐多种多样，很有特色。这家店采土餐之长，制作出做法多样的烤肉、鼓鼓的粘着芝麻的薄饼、浓浓的豆蓉汤、色彩鲜亮的新鲜蔬菜加石榴醋，和橄榄油拌出的大盆沙拉、各种新鲜的海产品，以及让人垂涎的栗子蛋糕，夹着绿色开心果碎、薄脆酥香的甜食Baklava，还有香浓的红茶、土式咖啡，细滑的Salep和深紫色的鲜榨石榴汁等饮料。这些中国和土耳其的美味，让生活在这里或是短

品种丰富的海产品食材

期居住在此的旅人难以割舍,流连忘返。不论你是怎样的饮食习惯,来自哪个国家或地区,都会为这些色、香、味、形、器俱佳的美食所吸引,驻足品尝,不断回味,留下永久美好的记忆。

能在这样一个美食丰富的国度打下这样一片天地,既要很好地做到保留自己国家的传统风味,也要适合土耳其人的口感,真不是件容易的事。土耳其各种香料、调味品种类繁多,但是制作中餐的调味食材却很稀缺,蔬菜的品种也有限。他们只能靠回国探亲的机会,自己背回来很少的一部分。

现在,常来店里的客人有土耳其的官员政要、名人以及他们的朋友。阿赫迈特(化名)先生就是一位常客,他高高的身材,体型微胖,50开外的年纪,每次来到店里,都是衣着考究、彬彬有礼。他第一次光顾,是在两三年前。那天,他随意到街上散步路过"五羊",出于对中餐的好奇,决定进来品尝一下。他认真地看着菜谱,却拿不定主意。

五羊饭店外观

店员知道后，就主动上前，帮他介绍了几样家常菜。不一会儿，虎皮尖椒、炝炒土豆丝、酸辣汤、铁板牛肉和海鲜炒面就端上了桌。他开始慢慢地吃着每道菜，品味着异国美食的不同，然后竖起了大拇指，连连称赞说："好吃！好吃！"此后，他便经常来到店里，有时还点只烤鸭，学着中国人的吃法，用润润的薄饼，抹上甜面酱，卷上细细的葱丝和黄瓜条，吃得开心极了，笑容里洋溢着满足。

今年春节期间，他还特意过来用餐，借着中国的年味，足足地饱餐了一顿。现在，他已经非常熟悉这家店，成了老客户。丁师傅也从多次的接触中摸准了他的饮食习惯，每次来，不用多说就能按照他的需求，备上几样酸甜适中、鲜香美味的饭菜。虽然阿赫迈特的中文说得不是很多，但从他进店的高兴劲儿和品尝时频频点头的样子，就知道他非常喜欢这里的菜肴。每过一段时间，他就会再来，有时还在自己最喜欢的保留菜品之外，再尝试一两样新菜。丁老板总是亲自下厨，认真烹饪，让他高兴而来，满意而去。现在，老板和服务员都清楚地记得每一位常客的口味和习惯。这让食客们感到很贴心，很舒服。

还有位土耳其朋友阿里（化名）先生，他一家人已经连续在丁师傅这里用餐多年。他们第一次来时，是夫妻俩牵着三四岁儿子的小手进店的。小家伙当时还小，可吃起中餐来也不含糊。他大口大口地喝着海鲜汤，还时不时示意爸爸给他夹口喷香的炒菜。当被问到好不好吃时，他闪动着长睫毛，眨着大眼睛，甜美地笑着，认真使劲儿地点点头。慢慢地，来"五羊"用餐已经成了全家的一种习惯。过一段时间，他们就会一块儿进来坐坐，点上几道菜，美美地吃一回。现在，当初的那个小男孩已经长成了英俊的帅小伙，依然对"五羊"情有独钟。他不但仍然与家人在这里共聚，前不久，还独自带来了新交的女朋友。他教这个女孩子学习使用中式筷子，一边指导，一边说笑。看着两个年轻人甜蜜的交谈就知道，这个姑娘也一定会像喜欢这个小伙子一样，喜欢上中餐。就这样，中国的饮食文化在土耳其慢慢地深入人心。

热心待客，餐馆成了中国文化的窗口

各国驻土耳其外交官以及土耳其普通中餐爱好者也会经常光顾"五羊"。还有一些将要被派往中国常驻的土耳其外交人员，为了更好地适应中国，临行前特地来到这里，了解中国的基本情况及中国人的饮食习惯，提前接受中国文化的熏陶。

部分想去中国做生意的公司职员，也经常前来咨询，查问中国的风俗民情、传统文化、礼仪常识，以便更好地与对方沟通合作；回国后又再次来到店里畅谈感想，及时反馈。不少去过中国的新朋友，对中国的印象非常深刻，不时夸赞中国的城市建设以及国家政策带来的无限商机。

交流篇

五羊饭店内景

　　为了让更多希望了解中国的朋友能够方便地获取所需信息，店里在中国大使馆文化处的协助下，提供了文化宣传的小手册，放在门口醒目的架子上，让前来光顾的客人自取。丁老板说："我们也是对外交往的一道窗口，要尽可能地传播中国文化，使更多人看到中国的发展和变化，让来来往往的人更多地了解中国的情况。"

　　今年以来，店里又推出了北京铜锅涮羊肉。土国的羊肉新鲜，无膻味，肉质细腻，很适合涮食。看到薄薄的羊肉片、肥牛，新鲜的鲜菜时蔬和十来种可选的食材，有些曾经去过中国的土国朋友纷纷前来，重拾旧味，回想在中国度过的美好时光，借着热汤徐徐升腾的蒸汽，聊着所见所闻，说起有趣的经历。通过这些饮食的交流，中土之间在另一层面上加深了了解。

这些年来，除去接待土耳其人，店里还与多国驻土外交机构有联系，为他们提供服务。专供这部分顾客的食品，还根据需要保留着一些彼国风味，如韩国石锅、日本寿司等，深受他们的喜爱，让这些朋友在想家的时候能来到这里，感受一下家乡的味道，以解乡愁。

由于菜品正宗、服务到位，五羊餐厅曾登上了著名的世界旅游指南《孤独星球（Lonely Planet）》，为世界各国来土的"驴友"提供参考和查询。他们还常常为自助游的中国游客提供临时的吃、住服务，让他们感觉到家的温暖、同胞间的热情。

现在，还经常有各年龄段的土耳其朋友来这儿聊天或过生日，特别是年轻的学生。他们愿意在异国风味和东方氛围的体验中感受新奇。每逢此时，丁师傅会帮助他们选好桌位、摆好蛋糕、燃上蜡烛，还特意抓好时机，播放欢快的生日祝福乐曲，让气氛达到高潮。之后，店里免费送上水果和中国茶，请他们品尝。有时有客人询问中国人过生日的习俗，他们会简单介绍一下。有些年轻人希望尝试过中式生日，店里会根据中国传统，做上一大碗长寿面，并教他们用筷子高高地挑起面条，告诉他们，这预示着生命绵长，年轻人则高兴地拍照留念。看着他们笑着，略显笨拙地使用筷子将食物费力地夹着送进嘴里后，露出得意和满足的表情，店主会不断地夸赞他们："学得快，真棒！"临别时，他们还会主动操着不熟练的汉语，连说"谢谢，再见！"

以爱相待，餐馆成了温暖的家

丁老板憨厚耿直、乐于助人，老板娘也是快人快语、心地善良。在多年经营餐厅的过程中，不论对内对外，他们都是一样，把土耳其店员也当作朋友。

有位雇员在店里已经工作多年，他高高的个子，大眼睛，是位平时言语不多、踏实肯干的老实人。他们给他取了个中国名字——"太阳"。前几年,太阳的哥哥去世,他主动承担起帮助嫂子照顾和抚养四个未成年孩子的重担。原本,他自己已经有了三个孩子,加上夫人也没有工作,生活并不宽裕,家里住房条件也不太好。为了能使孩子们今后生活得好些,他准备购置一套自己的房子,当时资金上有些不足,丁师傅知道后,主动借钱给他,帮他渡过难关。太阳深受感动,自此更加任劳任怨。有时店里客人坐得晚了,丁老板只要与他商量,他都会欣然留下来加班,直到最后一位顾客离开后,才收拾一下回家。这在其他人做来是不容易的。店里让他帮忙外出采购食材物品时,他也是将账目记得清清楚楚,回来后一项一项交代明白,做事非常认真负责,深得丁师傅夫妇的信任。

中国店主和土耳其雇员之间经过多年的以诚相待,互相支持,建立了融洽的关系,工作配合默契,有条不紊。有的土耳其雇员还主动关心餐厅的生意。一位叫"眼镜"的领班,人很聪明,发现接待顾客时常常会用到中文,他就在服务中注意交流学习,通过迎来送往,掌握了不少礼仪用语和主要服务用语,有时让不常来的中国客人都感到吃惊。平时上菜遇到懂中文的朋友,他就用大家能懂的中文逐个报上菜名,发音不准的就请客人帮助纠正。这样,既增加了餐厅的中国文化气氛,又融洽了相互关系。他还利用网络优势,了解土耳其人对中餐的评价,以便帮助餐厅提高服务质量。一位去过中国的网友这样说:"从中国回来后,常常想吃中餐,尝了这里的水饺,感觉非常地道。还有,吃到手工打造的新鲜豆腐,特别美味,就像又回到了中国。"不少网友还表示非常喜欢喝中国的酸辣汤,说那个口感既刺激又难忘,让人回味良久。热爱酸甜食物的朋友,从接触的第一次就喜欢上了这种滋味,因此欲罢不能,爱上了中餐。现在,有些要去酒吧的年轻人偶尔也会先来这里饱餐一顿,再去其他地方畅聊。从这些网络评论不难看出中餐在土耳其受欢迎的程度。

店里还为很多在土耳其遇到困难的华人、华侨提供咨询和帮助。一些生活不顺利、无处诉说的朋友,会第一时间想到他们,选择过来坐坐,喝杯中国茶,聊聊中文,诉诉苦闷,排解不畅,心理上得到些安慰。如遇到经济上拮据的朋友,店里会让来者吃饱吃好,分文不取。他们说:"都是中国人,帮助了他们,也是帮助自己。"这让不少接触过他们的人印象深刻,并把这家店当成了自己在土耳其的"娘家"。土耳其人和常来这里的各国顾客也从丁师傅夫妇身上,看到了中国人的美好品德和风尚。

现在,夫妇俩已经可以用比较流利的土语与当地人交流,他们在这里交了不少的朋友,并且经常利用攀谈的机会介绍中国传统习俗和中餐文化。他们表示,为了增进中国与土耳其及各国间的饮食交流,会不断探索,让更多的人喜欢中国,爱上中餐。

因茶结缘，以茶会友

智晓静（土耳其中东技术大学孔子学院教师）

> 拣茶为款同心友，筑室因藏善本书。
>
> ——（清）张延济

土耳其语与汉语分属不同的语言体系，彼此之间差别很大。但在两种语言中，"茶"一词的发音却非常接近。这是缘分，也是契机。

中国茶艺课让我和学生亦师亦友

我就职的孔子学院所在的中东技术大学是土耳其最好的高校之一，国际化程度非常高。我所教授的班上，除了土耳其学生外，还有一些来自土耳其周边国家的留学生，比如伊朗、阿塞拜疆、哈萨克斯坦、吉尔吉斯斯坦、俄罗斯等，也有来自印度尼西亚、马来西亚的学生。有一节课上，我们学到了"茶"这个词，我就问他们："你们国家的'茶'这个词，怎么发音？"学生们就分别说出了各自国家的发音。这之前，我只知道土耳其语的"茶"是"cay"，发音是chai，与中国的cha极其相似。没想到，别的国家"茶"的发音居然也与中国的发音一致或相近。学生们说，"茶"本来就是从中国传入他们国家的，所以就保留了"cha"的发音。身为中国人，我的自豪感油然而生，兴致所至，就简单给他们介绍了中国茶的一些知识。没想到这样一来，大吊学生们的胃口，下课时，学生们纷纷向我请求，下节课一起动手学泡中国工夫茶。

和学生们共饮中国茶。

我就因势利导,专门上了一节茶文化课。我首先用 PPT 向学生们展示了中国茶的历史渊源,介绍了中国茶的品种分类、制茶工序,教学生如何鉴赏茶叶,如何品茶,怎样注重品茶礼仪等,然后现场表演了工夫茶茶艺。接着,我就让学生亲自动手,练习茶艺表演。大家都很踊跃。当高大威猛的土耳其男生用大手紧紧攥着细小的茶夹,颤颤巍巍、小心翼翼地尝试着夹起小小的品茗杯时,同学们都忍不住笑起来。在这样的氛围中,我和学生们之间的距离一下子拉近了。课后,他们也会不时地到我的宿舍小坐一番,我们一起泡茶、品茶、聊天。从此,我和学生们之间亦师亦友,友谊的小船启航了。

有一天中午,我的课 12 点 40 分开始。平时不到 12 点半就有学生到教室了,但那天一直到 12 点 40 分,还没有一个学生出现。我一边疑惑,一边在心里腹诽:土耳其人还真是不靠谱!等了两分钟,我有点沉不住气了,离开教室,准备去办公室打电话问问情况。刚走到教室门口,就迎面碰上了学生们。只见他们每人手捧一支点燃的蜡烛,缓缓地走向我,异口同声地用汉语唱起了"生日快乐歌"。我才猛然明白:原来今天是我的生日呀!那一刹那,我真是感动得热泪盈眶。我问他们:你们怎么知道今天是我的生日?我自己都忘记了。他们回答:就是有一次在你家喝茶时,我们聊到生日,大家都介绍了自己的生日呀。我才想起,那是好几个月前的一个周末了,当时大家一边喝茶,我一边有意识地让他们练习刚学的数字,就让大家都用汉语说说各自的生日。没想到他们这么有心,默默记住了我的生日,还买了蛋糕、土耳其红茶为我庆生。那天的蛋糕和红茶,是我这辈子尝过的最美味的蛋糕、最香的茶了。这个幸福的画面始终收藏在我的脑海里,不时地跳出来温暖我。无数这样的小感动、小温暖,推着我们友谊的小船稳步前行。

"免费"土耳其茶识友人

精致的银色圆形茶盘里,精致的郁金香型收腰茶杯,配套的茶碟,两块方糖,一把小匙。小巧透明的玻璃杯里,深红色茶汤圆润透亮,流光溢彩。土耳其人喝茶从不马虎,随便你在土耳其哪里喝茶,都是这样一幅赏心悦目的画面。我刚到土耳其时,跟着同事们去了几家土耳其餐馆,发现在餐馆里让人这么优雅地享用一番的土耳其茶,竟然是免费的。虽然茶舍里收费的茶也不贵,但餐馆里这种一点也不比茶舍马虎的免费仪式,让人更觉温馨。我们自然而然地和服务员之间也感到亲切起来,有时会和他们多聊几句,有时还会互留联系方式。就这样,还真的结交了不少土耳其朋友。其中有个服务员后来还介绍了他们的朋友参加我们孔院的周末汉语班呢。

一个周末,几个同事相约一起去距安卡拉50公里的图兹湖(Tuz

Golu）游玩。这是土耳其著名的盐湖，号称土耳其的"天空之境"。湖畔有几间简易的棚屋，屋前是前往盐湖的必经之路。我们刚一走近，就有满脸笑容的土耳其小贩迎上来，一边反复念叨着三个音节，一边往我们的手上涂抹东西。仔细一看，是盐制品。至于那三个音节，我们愣了半天才反应过来，居然是汉语：qu jiao zhi（去角质）！这一点真让我们感到稀奇和激动。要知道，此前我们一般都是被土耳其人认作Japon（日本人）的！以至于我们每次都得耐心地回复：Hayır，Qin（不，是中国人）。难得有人一眼就认出我们是中国人，并且和我们说汉语！店主热情地把我们拉进店里，指引我们洗去手上的盐巴，手果然细腻滑溜了很多。然后，店主迅速地为我们每人奉上一杯土耳其红茶。这在土耳其是一种习俗，进了商家的店，不管你买不买东西，店主都会热情地请你喝茶。即使不买东西，店主也绝不会变脸，顾客离开时，他们仍会和你友好道别。我们一边品茶，一边聊天。喝了人家的茶，我们还是不好意思一走了之，于是大家都多多少少地买了些小件的浴盐产品。店主非常高兴，满面笑容地称我们为"朋友"，和我们合影留念。

在盐湖玩了几个小时之后，我们觉得有些饿了，于是徒步去附近的小镇上，找了个路边小餐馆。坐下点完餐后，觉得有点渴，我们决定先喝杯茶，于是告诉服务员先给每人上杯茶。

红茶很快就端上来了，同样是郁金香形的收腰杯，但杯子的大小约是安卡拉所见的两倍。我们感慨，到底不是在城市里，民风就是淳朴豪爽。喝茶，吃饭。餐毕，买单。因为是路边小餐馆，没有账单，但是大家点的是同样价格的套餐，所以总价格很好算，直接给了服务员总额。他接过钱，数了数，然后说了一段话，我们没听明白。后来连比画带猜，才明白原来这里的茶不是免费的，我们少算了茶的价格，我说怎么杯子那么大呢。大家哈哈大笑，补了红茶的钱。从此，我明白了并非所有餐馆的红茶都是免费的。

我们刚走出小餐馆，就听到后面有急匆匆的脚步声，并喊着"Wait! Wait!（等等，等等）"回头一看，刚才的服务员和另一个土耳其人正在追赶我们。原来这另一个人是店老板，他听服务员说了关于茶费的事后匆匆赶来，要把茶钱退给我们，还用简单的英语说："Chinese, friends, free（中国人，朋友，免费）！"我们听了很感动，但当然不愿拿回这钱。相互推让再三，最后总算推让出个折中的办法，店家答应收钱，但前提是再免费赠送我们每人一杯红茶。盛情难却，恭敬不如从命，我们又返回店中，坐下喝茶，和店老板聊天，并互留了联系方式。有 Whats App 的同事当场加了店老板为好友。从此，我们又多了个土耳其朋友。至今，店老板和我们还有联系，他还一再说，下次要携家带口来我们孔院做客呢。

热爱中国茶的土耳其小姑娘

Cansu Ülkü 是安卡拉大学汉学系四年级的学生，个子瘦高，十分苗条，头发黑而直，发型是中国那种清纯的学生头，看上去很清秀。后来和她熟悉之后，我才知道，原来她是因为喜欢中国，才把卷发拉直，把金发染黑的。她有一个很好听的中文名字——江素。上学期，我给她们开了汉语专业口语课，当时班上有近 40 个学生，都是土耳其人，但我第一节课就记住了这个土耳其小姑娘。不是因为她漂亮有气质——班上其他女孩也都很漂亮，而是因为在作自我介绍时，她说自己很喜欢喝中国茶，并对中国茶艺很感兴趣，一直在学习。对中国茶感兴趣的土耳其学生虽然不少，想学泡茶功夫的也有一些，但真正能静下心来正儿八经学习并操练的，委实不多。

后来，江素经常会在课间课后找我聊天，聊的主要话题也都是茶。江素告诉我，她 2015 年上半年在中国青岛留学期间，曾参观过在青岛举办的中国国际茶文化博览会，看到了琳琅满目的紫砂茶壶，品尝

江素（Cansu）学泡工夫茶。

了不同品种的中国茶，也欣赏了茶艺表演，中国茶艺师精湛的表演给她留下了深刻的印象。她说，身着旗袍、举止优雅的女茶艺师翘着兰花指，行云流水般地展示茶艺的优美画面一直停留在她的脑海里。此后，江素就对中国茶文化产生了浓厚的兴趣，回国后还念念不忘，希望自己有朝一日也能登台展示中国茶艺功夫。我鼓励她继续学习中国茶艺，让更多的土耳其人分享中国茶文化。我还帮她找了有关中国茶文化的资料，把我自己教学用的茶艺PPT发给她，鼓励她在适当场合展示自己的泡茶功夫。

这学期我不教她们了，但我们之间还经常微信联系，有时还抽空见面。她要申请中国奖学金，就来找我，跟我商量选报哪所学校，怎么报名。我们一起边喝茶边讨论。她和双胞胎姐姐一起在安卡拉市中心Kızılay租了套房子，常邀请我去她家里泡土耳其茶给我喝。在她的感染下，她的家人、朋友、同学中越来越多的人开始喜欢中国茶。

更为可喜的是,她前不久还在课堂上向老师和同学们分享了自己了解、学习中国茶文化的亲身经历与体会,并展示了自己的茶艺表演。让我们期待着江素及其他对中国茶文化感兴趣的土耳其学生和朋友能早日登上更大的舞台,以茶会友,向更多的土耳其人介绍中国茶文化。

"茶是中土两国共同的文化遗产"

土耳其—中国友好交流基金会是致力于土中两国民间友好交往的非营利性公益组织。他们以增进中国人民与土耳其人民之间的了解和友谊为己任,为向土耳其民众介绍中国文化做了很多工作,也是我们孔子学院的好朋友。他们为我们提供了一个宽广的平台,帮助我们深入土耳其社区,和更多的土耳其民众开展友好交流活动。我们也每周派老师过去,义务为他们开设的市民汉语班授课。孔院与基金会也经常合作举办各种文化活动。

2015年10月15日晚,在土中友好交流基金会的会议厅里,举办了一场名为"土中共同文化遗产——茶"的大型文化交流活动。来自中国和土耳其各界的友好人士汇聚一堂。中国驻土耳其大使郁红阳先生、国际安纳托利亚文化艺术协会主席内贾蒂·耶尔马兹先生在致辞中都提到了茶在中土两国文化交流中的重要作用。

我穿上红色旗袍,在悠扬的土耳其乐曲声中,为嘉宾们展示了一套从中国带来的青花瓷工夫茶茶具,并现场演示了一段工夫茶流程。土耳其朋友们围观、拍照,品啜我泡出的工夫茶,毫不吝惜地夸奖、赞叹。我虽然激动,但也明白:他们赞叹的不是我,而是中国茶文化。表演后,就有土耳其朋友过来找我聊天,我们彼此分享中国茶与土耳其茶的泡茶经验与品茗感悟,虽然语言交流不够通畅,但我们依然聊得其乐融融。最后,他们还送了我几包土耳其红茶。这是真正的以茶会友呀!土耳其的媒体对此次茶文化活动进行了报道。安卡拉大学的官佳（Gonca）老师对我说，她和家人也看到了报道，并邀请我去她们学校进行茶艺表演。中国中央电视台对此也进行了报道，报道的最后定格在我进行茶艺表演的画面上。

电视节目定格了，我的汉语教学和文化推广工作没有定格。以茶结缘、以茶会友永远不会定格。

梦幻国度——中国

阿赫买特·焦什昆·阿伊登（土耳其记者）
董芳远 译；徐 鹍 校

土耳其人一般从小就会知道中国。他们从历史课本里会读到中国的长城、古代突厥人与华夏民族的相互角力和争斗以及双方之间源远流长的文化交融。此外，土耳其人都是听着我们极为尊崇的先知穆罕默德"学问虽远在中国，亦当求之"的圣训长大的。这一圣训有两层含义，其一是中国远在万里之外，其二则是从中国能学到知识。土耳其人还知道，指南针、火药和风筝都是中国人发明的。"突厥"这一名称就源自汉语，而在土耳其语中，中国被称为"秦"，这一称谓则好像源自突厥语。

古老而神秘的中国，萦绕装点着无数土耳其人的梦。可中国遥不可及，相隔着万水千山。这个"中国梦"也伴我度过了几多春夏秋冬，我在梦里登上中国长城，体验神秘的东方文明，感受别样的人文风情。

何曾想到，1993年4月，时任中国驻伊斯坦布尔总领事徐鹍先生转达的邀请给我带来了惊喜，让我得以梦想成真。这次访问使我第一次有了直接接触并亲身体验中国的机会。过去，我只能透过西方记者的视角看中国，而今，我终于可以通过自己的眼睛直接观察而了解到关于中国的百姓、她的经济以及风土人情等情况，而无须通过任何中介。

我乘坐中国国航航班，踏上这一世界大国之旅。回土耳其后，我向土耳其航空公司负责人极力建议开通土中航线，因为航线的开通定能大力增进两国人民的相互了解，加强两国交流。多年后，我的建议实现了，现在，土航航班往返于土耳其和中国的许多城市。

如今的中国,正朝着世界第一大经济体迈进。中国人民热爱和平,几千年来从不曾违背。中国在航天、计算机、医学等领域为人类作出了巨大贡献。中国人深谋远虑,在多年前就制定了发展目标,并坚定地向着目标前进。中国成功举办了奥运会,并在航天事业上取得了举世瞩目的成就。

中国,既传承古老文化,也吸收现代精髓。我去了新疆、上海、深圳等地,很遗憾未能去旅游城市桂林。最令我难忘的是乘坐火车从乌鲁木齐到上海的长途旅行,这可不是随便就能拥有的经历,至今我还经常向朋友们推荐这段旅程。乘坐火车从乌鲁木齐前往上海,沿途你能收获知音好友,还能饱览中国的名山大川、苍茫草原、壮美河流、静谧村庄和繁华都市。

说起中国美食,那可是当我刚登上飞机开始我的中国之行时就进入了我的梦境。大虾、凉拌菠菜、北京烤鸭……回到土耳其后一想起这些,我依然会垂涎三尺。茉莉花茶也是必须要有的,这茶如同神药一般,能赶走你所有的舟车之苦。

中国人总是笑脸相迎,乐于助人,热情好客。亚洲大陆的一端是中国,另一端是我们土耳其,这一点,只有在你来到中国之后才会有所体会,而这也是激发我探索中国热情的动力。世上的风景数不胜数,最使我震撼的还是中国的长城。长城巨作,是中华文化献给全人类的无与伦比的珍贵遗产,不到长城必定抱憾终身。

中国是熊猫的故乡,中国人像爱惜生命和眼睛一般地保护熊猫。这是中国对全球自然生态的又一奉献。中国有高山、盆地、沙漠、河流、海洋等丰富多样的地理资源,是旅游者的天堂。此外,中国的民族文化也十分丰富,各族人民保有自己的语言、文化、习俗。中国不遗余力地保护各民族的多样性,为人类文明作出了贡献。

简言之,中国并不遥远,中国近在咫尺。她的文化、音乐、经济、文化、习俗等着我去探索,我的梦境终于成为现实。

每当我把在中国学到的来源于土耳其语的单词"冻""苯""蒜"（音同蒜，意为葱头）等讲给我的朋友们听时，总是别有一番趣味。

多年前我在土耳其《早安》报上发表的题为"中国不再遥远"的文章中所展望的，如今都已成真。当然，你们在中国还会经历更多的趣事。比如在乡间，当你说自己是土耳其人的时候，人们都很诧异，但你一说来自伊斯坦布尔，大家脸上立刻有了笑容。

如同我在伊斯坦布尔居住的社区里有中国人一样，在中国的很多地方你都能碰到土耳其人。我身边的朋友们都很期待我的中国之行能写成书，我想，书是迟早会写的。

中国是一个文化和历史记忆的宝库，最早记录土耳其历史的文献也来自于她。中国和土耳其，土耳其和中国，两者在我的内心都有难以割舍之情。

巴扎公园的非常土耳其情怀

罗克（土耳其中文网站"T 号外"创始人，土耳其国家旅游局在华首席推广策划顾问）

我叫罗克，旅居土耳其十年，但喜欢自称为"97 年入土，07 年出土"的"土归"，是伊斯坦布尔博斯普鲁斯海峡大学的第五名中国毕业生，首家土耳其中文自媒体平台"非常土耳其"（GoTurkey.cn）的创始人，以及位于天津滨海新区于家堡的目前全亚洲最大的土耳其主题体验馆"巴扎公园"的创始人。

至今，我依然很难想象自己是博斯普鲁斯海峡大学第五名中国毕业生，而更值得回忆的，则是在我的留学生涯中能够亲身见证中国和土耳其之间发生的这么多精彩的片段，而这份幸运还持续到了现在。

罗克（右3）与博斯普鲁斯海峡大学的同学合影。

交流篇

博斯普鲁斯海峡大学国际学生日，罗克（右1）在自己的展台前与各国同学合影。

场景一：1997年11月，伊斯坦布尔机场，第一次邂逅这个国度。

真的没有想到，伊斯坦布尔机场这么先进，每一个行李车需要一枚土耳其里拉的一块钱硬币方能取出。初到此地的我，没有这样一枚硬币。可能是我的焦虑吸引了旁边一位和蔼的长者的注意，一个毫无距离感的笑容，和一块钱硬币，笑一笑，挥挥手，那么自然地回头，留下一个背影。我和这个国家仍然陌生，但这里的人，已经是朋友。

场景二：1997 年，还是 11 月，我的第一个土耳其同学问我："中国人是不是都喝茶？"

土耳其人对中国了解很少，令人瞠目结舌的少！"中国有没有奔驰车？""中国的麦当劳竟然有中国名字？"对于这种简单的问题，我会立刻进行讲解；而对其他一些真正需要认真讲解的，那就真的要下一番功夫好好学习了。土耳其朋友们也有很认真问问题的："中国的书法和土耳其书法有什么区别？""如何开始学习中文？""为什么 Made in China 很便宜？"这些问题看起来作为中国人是理所应当了解的，但其实很多我自己也不懂，渐渐发现多了一份使者的责任。交流从认真地回答问题开始，自此，我养成通过 Yahoo 看英文的中国和土耳其新闻的习惯，对土耳其报纸上关于中国的新闻也都格外留意。

场景三：两年中餐馆打工，杯子擦了三个月，给土人讲中餐，给国人讲土耳其，放下饭碗去高考。

第一次辍学，第一次打工，第一次参加土耳其高考，第一次考上一个国家最好的大学……我从来没有想过在土耳其短短的一年半，我经历了这么多的事情。私立大学学费凑不上，我就到中餐厅打工度日，无一技之长，无语言优势，卖体力擦杯子，只为确保餐厅每个杯子没有水痕，这花去我三个月时间。

练语言靠嘴皮子。给土耳其顾客讲中国的好，给中国顾客讲土耳其的好，我越来越享受和土耳其哥们一起做业绩，月薪 800 美金的小经理一枚，却不甘心放弃课堂，来安卡拉参加土耳其高考，竟然考上土耳其最好的大学——伊斯坦布尔博斯普鲁斯海峡大学。该校的前身是美国19世纪在海外建立的第一所美式高等教育机构——罗伯特学院，1971年移交土耳其政府。至此，我继续成为有文化、有知识、有理想的中国留学生。

场景四：中国和土耳其的沟通交流重启，留学生的蓝图越来越宽。

从2000年江泽民主席访土开始，一个接一个的中国领导人访问土耳其。作为留学生的我，为使领馆做好配合工作是我们应尽的义务。也正因为如此，我们留学生成为土耳其最早的一批中国翻译和导游，兼小小的顾问，开始见证两个国家越来越好的关系，直到毕业，直到创业。

场景五：2007年新年夜，第一个创业项目"非常土耳其"正式上线，最早的名字叫作"T号外"，土耳其最大的中文信息网站和华人论坛。

没有人想过做一个网站，目的仅仅是回答更多的国人"土耳其怎么样""土耳其好不好""有没有和土耳其华人聊天的地方"这样的问题。它是很多人知道的一个网站、很多人依赖的一个地方，可以帮助更多国人看到土耳其。后来，为了这个"十年一站，回国创业"的重要决定，我与相识相知的山东媳妇一起毅然离开"第二故乡"伊斯坦布尔回国。我们期待我们的下一代，以及越来越热闹的中国和土耳其的未来……

场景六:所有的心思都在帮助土耳其旅游和文化在中国博个印象分,梦想也罢,兴趣也罢,总是值得我投入的未来。

从 2008 年的第一本电子图册开始,我在土耳其旅游局的几乎每个旅游文化推广活动中都出主意、做方案,确立了"土耳其城市名片"的概念,将地大物博、资源多元的土耳其以城市目的地、图文多元化、信息中文化的形式呈现在中国,至今推广逻辑仍在。最值得自豪的是 2009 年推出的《非常土耳其(Go Turkey)》,第一本中文推广杂志,作为土耳其旅游在华宣传的官方图册出版至今。我也因此被特邀制作了上海世博会土耳其官方推广图册《In Turkey》。

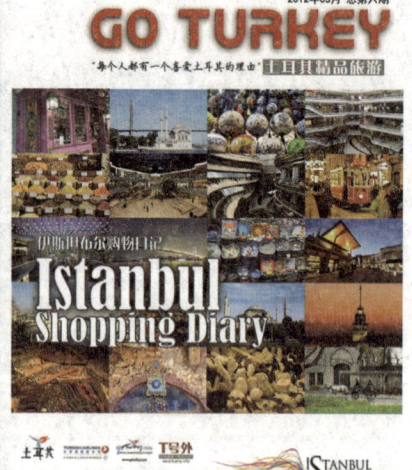

《非常土耳其(Go Turkey)》杂志剪影

场景七：上海世博会、中土建交 40 周年、中土互办文化年，不知不觉中我们让更多的中国人看到土耳其，喜爱土耳其！

第一本土耳其中文宣传图册出现在上海世博会，百万人领取，这是我们的荣幸！自此，中国首家专注于土耳其宣传和推广的公司算是定位了，我们管它叫作"推土机"。每年四期的《Go Turkey》、每年一度的旅游文化展，我们帮助更多的土耳其酒店及旅行社落地中国，一次又一次地帮助包括土耳其航空公司在内的品牌路演。原来可能没有多少人知道土耳其，五年之内，"蓝色土耳其""非常土耳其""每个人都有一个喜爱土耳其的理由"这些口号已变得朗朗上口。

场景八：寻找中土之间可以交流、产生共鸣的一切，只为更多人看到可能，因为过去本来就在一起。

2011 年，我亲自带队和《华夏地理》以及中国著名的收藏家马未都先生前往伊斯坦布尔老皇宫托普卡珀宫（Topkapi Palace），共同策划《华夏地理》封面故事"元青花玄机"。趁着土耳其旅游部长访华之机，获得部长亲自邀请，让这次极具意义的文化之旅得以成行，成为当年最棒的一次国家主题宣传项目。而在之后中央电视台的三次活动中带队赴土耳其，更是让我见识到了两国文化交流与合作的力量和前景，也因此看到了在贸易与旅游之外更多的可能。

场景九：2013年，融土耳其旅游、文化、咖啡、购物、生活于一体的"巴扎公园"在北京投入运营。

从未有过的成就感——将魅力十足的土耳其带到喜爱旅游、喜爱文化的中国首都北京，将土耳其的好吃的、好玩的、好看的、好用的一股脑地搬到了北三环。一时间，对土耳其感兴趣的京城名人、旅游达人、文化小编都慕名而来，首日创购物中心销售纪录，当年突破20万客流量。巴扎公园原本灵感来自伊斯坦布尔大巴扎，已成为中国最著名的土耳其文化交流中心，同时也是2013年"土耳其文化年"的收官项目，获得中土两国广泛关注。

北京爱琴海购物公园内的巴扎公园土耳其主题体验馆

天津滨海新区于家堡巴扎公园一角

场景十：2015 年，在天津滨海新区，全新的巴扎公园"升级版"开业。

于家堡金融区"环球购项目"迎来了全亚洲最大的土耳其主题公园：全新的设计场景和定位，与更多机构合作一同打造的 2500 平方米的土耳其主题生活空间和最大的旅游商品文化展示中心。在自贸区和京津冀一体化的概念下，我们更具规模。

至今我们仍难以想象，在中国北方能够拥有一座商品品类达到近 3000 种的土耳其旅游文化用品商城，从土耳其咖啡到土耳其冰淇淋，从土耳其瓷器到土耳其玻璃工艺品，从土耳其烤肉到土耳其水烟。在天津市政府的支持下，巴扎公园成为"一带一路"带来的最重要的国际文化及商贸交流项目。目前，园内已拥有来自土耳其的品牌 40 余个、商品近 2000 种，旅游衍生及文化项目更是层出不穷。巴扎公园

罗克在博斯普鲁斯海峡的游船上。

内近100平方米的"土耳其路演中心"给品牌和商品提供更漂亮、更持久、更直接、更具潜力的"展览会2.0"新模式。

    要说寻找中国与土耳其的未来,更多的在于真正意识到两国之间是1+1>2的关系。喜欢的一直喜欢,努力的一直努力。我们看好的,其实更多是我们能不能相互交流彼此理解的传统,分享心向彼此的共同发展理念。而我们在做的,始终是"每天说说土耳其那点事儿",以及"土耳其,好东西真多!"

割不断的中土师生情

胡亚天（中国天津师范大学副教授，土耳其安卡拉大学汉语教师）

从事对外汉语教学十多年来，我结识了许多土耳其学生，和他们建立起的深厚师生情令我终生难忘。

2008年，我得到了一个到北京师范大学做高级访问学者的机会。9月中旬的一天，我提前来到北京，计划看望一下三年前在天津师范大学教过的土耳其留学生哈荣。当时，哈荣已从天津师大的汉语学习班转入北京大学医学部就读临床医学本科专业。以前他在汉语班学习时，我在教学之余常常关心留学生的生活情况，并邀请他们到家里一起制作和品尝中国美食，由此建立起深厚的师生情谊，他和他的同学们都亲切地称我为"中国妈妈"。得知我将在北京工作一年时间，他非常高兴，就请中国朋友帮忙买了票，第二天邀请我和他的中土好朋友共六人一起去北京科技大学体育馆观看残疾人奥运会的篮球比赛，其中就有当时在北京联合大学文理学院学习汉语的土耳其女留学生艾达。从这天起，我和艾达开始了相识、相知、相亲的八年师生情谊。

在北京科技大学门口第一眼看见艾达时，我就感觉她是一个热情而又文静的女孩子。她中等身材，衣饰休闲，略施淡妆，一头柔软的黑卷发，一双温存的大眼睛，眉宇间透着聪明。在比赛前的交谈中，我得知艾达是在土耳其哈杰特佩大学（Hacettepe University）修完国际关系本科后，在朋友的帮助下于2007年9月来北京联合大学学习汉语的。她认为，中国的快速发展有目共睹，选择学习中文会给外国人从事与中国有关的工作带来很多机会。当她知道我是对外汉语教师时，非常兴奋，就请我下班后或周末有空时多跟她相约见面聊天，

2008年9月,胡亚天与哈荣(中)、艾达相聚北京科技大学。

以便使她能有机会多听多说汉语,并解答她在汉语学习中遇到的问题。我觉得,她是真心渴望学好汉语,态度又非常诚恳,就爽快地答应了。因此,艾达成了我对外汉语课堂教学之外的"编外学生"。

有一次,我们见面进行汉语学习和交流时,她问我:"老师,我的同学很多是韩国人,还有几个印尼人,他们以前学习过写汉字,我在土耳其从来没有学过,所以我写的汉字很丑,怎么办?"我说:"没关系!只要你每天一有时间就认真练习写汉字,就会写得越来越好。"从那以后,她每天晚上在房间里用田格本练习写汉字。我还鼓励她在学校的课堂上一有机会就积极举手,多争取到白板上练习写汉字的机会。这样过了三个多月,她自己对比前后写的汉字,真的看出有一些进步了,非常高兴。她说:"老师,我就喜欢做复杂的事情,所以我特别喜欢学习汉语和写汉字。"我高兴地笑了，开始喜欢上这个编外学生。我觉得，应该针对艾达的兴趣爱好以及她业余学习时间不固定的特点，灵活地变换对她的教学方法，以便在实践中提高她的汉语应用能力。后来，我知道她喜欢玩复杂的游戏，一有时间就相约到她在北京租住的家里，引导她用汉语交流，做数字九宫格游戏，并在游戏之余一起采购食材，制作中国和土耳其美食，互相了解和感受两个民族的饮食文化。那时，艾达跟我学会了包饺子、炒宫保鸡丁、炒土豆丝、泡中国茶，我跟艾达学会了做土耳其饮品 Ayran（一种带咸味的稀释酸奶）、土耳其早餐 Omlet（煎好土耳其特色香肠后，再打上几个鸡蛋一起煎熟）、煮土耳其红茶和咖啡。我们一边品尝着两个民族的食品饮品，一边用汉语交流着两个国家的风土人情。渐渐地，不仅她的汉语听力和口语进步了，我对土耳其文化的了解也越来越多，感情也逐渐加深。

2009年1月，艾达结束在北京联合大学的汉语学习，开始在土耳其驻华大使馆商务处工作。虽然她工作很忙，交际活动也越来越多，但她跟我业余学习汉语的活动没有停，而且在工作和生活中一遇到汉语问题，就找机会请教我。暑假后，我回天津继续自己的大学教师工作，我们见面的机会就少了。但我偶尔去北京出差时，仍会跟她小聚一下，一起品尝北京小吃。

艾达在工作之余，经常把在北京参观过的名胜古迹的照片和感受到的中国人热情好客的故事发邮件告诉她远在土耳其的家人，她的家人深受感染。因此，这一年10月，艾达的父亲、母亲、哥哥慕名来中国旅游。我知道后，就邀请他们一家人来天津一日游，由艾达当翻译，我带他们参观了古文化街和滨江道商业街，游览了海河夜景，请他们品尝了家人亲手制作的中国特色晚餐。在开车送他们去火车站的路上，一家人的脸上洋溢着幸福满意的笑容，不停地赞赏着："天津真美！中国饭真好吃！非常感谢，非常感谢！"说得我心花怒放。这时候,她的父亲问我:"老师,您认为艾达的汉语学得怎么样?"我笑着回答说:"挺好的!您看,她今天一直把我说的汉语翻译成土耳其语给你们听,又把你们说的土耳其语翻译成汉语给我听,一般的交流都没有问题呀!"他的父亲明白了我的意思后,满意地笑了。后来,他们全家人在北京游览完故宫、长城、颐和园、天坛等名胜古迹后,又参加了旅行团,去南京、黄山、上海、乌镇、杭州、千岛湖等地游览,还在旅行团里结交了几个中国游客并成为好朋友。他们在中国生活的十几天里,对中国的美丽景色和快速发展赞不绝口,由衷地喜欢上了中国美景和中国人民。

2010年初,艾达被调到上海世博会土耳其展馆工作,跟我见面学习汉语的机会几乎没有了。10月中旬,我去浙江大学参加比较教育学年会,会后路过上海时停留了两天,其中一天用来参观世博会,当然重点是参观土耳其馆并看望艾达。我知道世博会的工作人员每天工作都很忙,不想给她添麻烦,同时也是为了给她一个惊喜,就没有事先告诉她。

这天早晨6点多钟,我和家人分两路从杭州、天津来到上海世博园大门口排队买票,开门后参观了几个重要的国家展馆,下午3点多钟来到土耳其馆。我们先把土耳其展馆仔仔细细地参观了一遍,然后,从我教过的一个土耳其学生的好朋友那儿打听到艾达正在办公室里办公,就一边品尝着土耳其特色甜点,一边等候着艾达的出现。大约5点多,她跟随馆长从办公室出来查看展馆工作时,我轻轻地叫了一声:"艾达,艾达!"她顺着声音朝我这边望过来,立刻半张着嘴惊呆了,然后兴奋地跑过来和我紧紧地拥抱在一起。"老师,怎么是您?您什么时候来的?怎么来的?怎么不告诉我一声?我可以出去接你们!"我说了来世博会参观的经过,并解释不想给她添麻烦。她连连说:"不麻烦,不麻烦!"土耳其馆的馆长和工作人员看着我们激动相见的场面,又惊奇又高兴,非要请我们喝土耳其咖啡不可,还请来吉普赛女郎给

交流篇

2010年10月31日,艾达(前排左2)在上海世博会闭幕式上。

我用喝剩的土耳其咖啡渣算命,说了许多祝福的吉祥话语。我询问了艾达在世博会的工作情况,她激动地说:"组委会给了土耳其展馆很多帮助。特别是办理土耳其烤肉店和甜品店的手续非常复杂,我没有时间仔细研究几十页的办理规则和程序,组委会就专门安排工作人员一条条地解释和说明,终于使我们顺利地办好了所有营业手续,按时开馆了。而且,在世博会的工作中,我的汉语听力和口语又进步一大截呢!"我为她的出色工作感到骄傲,也嘱咐她努力工作的同时照顾好自己。那天的世博会相遇,使我们都非常兴奋,土耳其馆馆长还特意批准艾达提前下班,带我们参观世博园夜景,吃土耳其烤肉,喝土耳其红茶,一直到很晚才离开。

后来,艾达告诉我,10月31日的世博会闭幕式上,她代表土耳其馆与其他国家馆代表一起演唱了中国歌曲《茉莉花》。她还说,世博会的工作使她亲眼目睹了上海和中国的巨大发展,体验了中国各民

2010年10月初,胡亚天与艾达在上海世博会土耳其馆前留影。

族的风土人情,感受了中国人民对世界人民的友情,这些都使她更加喜欢中国,喜欢中国人,喜欢中国文化。上海世博会结束后,艾达回到土耳其,在安卡拉ARK公司工作,参与组织各种展会的有关工作。这段时间,我们基本上用邮件保持联系,相互问候。

2012年6月,我报名参加了中国国家汉办公派教师考试,这个决定缘于我2007年暑假在土耳其旅游时一段难忘的经历。当时,我教过的土耳其留学生哈荣(毕业于河北北方学院医学部,现在北京从事中土贸易工作)、苏克(毕业于天津师范大学,现在土耳其合资公司工作)、马巴责(毕业于北京语言大学,现在土耳其从事旅游工作)邀请我和家人到土耳其参观旅行。在整整25天的旅程中,他们不仅给我们制定了详细的参观旅游线路,而且为了我们的旅行生活方便,在我

交流篇

2014年9月30日，胡亚天与艾达（中）在中国驻土耳其大使馆举行的国庆65周年招待会上再聚首。

们所到达的每个城市和旅游地，包括伊斯坦布尔、卡拉布克、萨夫兰博卢、开塞利、卡帕多奇亚、伊兹密尔、埃菲斯、帕姆卡莱等，都安排了曾经去过中国学汉语的留学生到长途汽车站接我们。这些学生不仅带领我们参观游览，用汉语详细讲解各个景点的历史故事，而且还安排我们住宿在自己家里或者他们在当地的亲戚朋友家里，给了我们非常盛情的款待和无微不至的照顾。我们向他们赠送了从中国带来的特色礼品，有珍珠项链、中国茶、檀香扇、首饰盒、苏绣、剪纸等工艺品，有时还就地取材，给土耳其家庭包中国饺子、炒中国菜。但是，这些都远远不足以表达我对土耳其朋友们的感激之情。我想，有机会一定要再来土耳其，报答这片土地上的热情的人民，报答我亲爱的土耳其学生。而作为一名对外汉语教师，对这片土地上热情、友好、善良的人民，我所能给予的最好回报，就是教土耳其大学中文系的学生们学好汉语。所以，我通过汉办考试后，就申请来土耳其大学从事汉语教学工作。

2013年4月，我被国家汉办派到土耳其开塞利的埃尔吉耶斯大学中文系任教。由于工作繁忙，我事先没有跟艾达联系。后来，听说艾达去伊兹密尔工作了，我想找机会去西部旅游时再去看她，也没直接跟她联系。第二年9月底，我从开塞利到首都安卡拉出席中国驻土耳其大使馆的国庆招待会时，一位漂亮文雅、汉语流利的土耳其姑娘向我走来，礼貌地对我说："您长得特别像我在中国认识的胡老师。"我定睛仔细一看，惊喜地说："我就是胡老师啊！你是艾达，你是艾达！"然后，我们激动地紧紧拥抱在一起。就这样，四年之后，我们又一次重逢。她高兴地问我："您怎么在安卡拉？又来旅游吗？"我告诉了她我报名、考试，然后来土耳其大学工作的经过。她连连说："太好了，太好了！我知道您很早以前就喜欢土耳其。现在，您来土耳其大学工作，就能深入感受土耳其的古老文明啦！"她还告诉我："今年4月，我已经应聘到中国通用技术集团驻土耳其安卡拉代表处做行政管理工作，跟中国人、中国事务接触很多，希望进一步学习中文，提高中文水平。您来土耳其工作，正好又能帮助我了。"我说："好啊，那太好啦！我们又可以延续多年前的师生友谊了。"

不久，2015年初，新学期开始，国家汉办和大使馆调我到安卡拉大学汉学系任教。这样，我和艾达在一个城市工作和生活，下班之余和周末的时候，我们又可以相约在一起教、学汉语了，又能够继续两国饮食文化的亲身体验和两国历史文化的交流学习了。有一次，艾达问我："老师，虽然我不是学习汉语专业的，但是我想考过HSK五级。去年我考了一次，但是没有通过。现在有您辅导我学习汉语，我想再考一次，您看行吗？"我说："行啊！只要你坚持学习汉语，就能考过HSK，不仅是五级，我相信你还能考过六级呢。"她听了我的

2016年2月,艾达通过HSK五级考试后在中东技术大学孔子学院与胡亚天老师合影留念。

话非常兴奋,也更有信心了。我知道她以前在中国学习时,听力和口语是强项,估计阅读和写作是弱项。我让她下次见面时带来第一次的HSK五级考试成绩单,仔细分析一下。果然不出我所料,她听力得分高,阅读和写作得分低。我马上根据她的业余时间情况和五级考试要求,为她安排了阅读篇目和写作主题,要求她每周抽出一个晚上的时间,尽量控制在30分钟内阅读一篇汉语课文,并回答问题,主要目标是提高阅读速度和对课文的理解水平;同时,每周再用一个晚上40分钟的时间,分不同主题撰写200—300字的汉语日记,慢慢增加写作字数。另外,每两周或三周进行一次、每次两个小时的面对面辅导,主要是解答和纠正汉语阅读中的问题、检查和修改作文、提出后面学习的注意事项和重点内容。这样过了半年多,艾达的汉语阅读和写作能力都有了很大提高。她在一篇日记中写道:"回到土耳其以后,我的中文进步不太容易了。因为，学语言最关键的是练习，练习机会多的话进步就会很快。但是，回土耳其后，我先在土耳其公司工作，使用土耳其语和英语，没有机会练习汉语。后来，我转到中国公司工作，经常跟中国人打交道，就觉得以前学习的汉语不够用了，需要全面提高汉语水平。这时，我喜欢的中国汉语老师来土耳其大学工作，我又能跟她一起学习汉语了。我要提高听力、口语、阅读、写作和商务汉语水平，并在中国公司努力工作！"看到学生的进步，我这当老师的别提有多高兴了！

  12月初，艾达第二次报名参加HSK五级考试。考试前，我给她做最后一次辅导时，她很紧张，担心自己又考不过去。我安慰她说："不要担心，只要你努力学习了，结果自然是好的。考试的时候，仔细看题目和要求，专心去做题就行了，别想太多别的事情。"她说："好的，老师！"考试结束后，艾达马上给我打电话说："老师，我这次考试的感觉还可以。尤其是写作，比上一次考试进步大多了，都写完了。但是，阅读的最后两段没有做完。"我说："没关系，我们等考试结果出来再看成绩吧！"第二年年初，我上班的一天下午，突然接到艾达打来的电话："老师，我通过了HSK五级考试，而且是安卡拉地区的第一名。我好激动呀！谢谢您对我的帮助和鼓励！"我高兴地说："祝贺你，祝贺你！功夫不负有心人啊！""嗯嗯，老师，我还要继续考HSK六级，您还帮助我，好吗？"我说："好的好的，只要你喜欢学习中文，我就一直教你！"也是在这一年5月，我辅导的安卡拉大学汉学系学生第一次荣获土耳其"汉语桥"比赛的前两名，实现了冠军零的突破，圆了我来土耳其教学生学好汉语的梦想。

  另外，我在安卡拉工作和生活的这一年多时间里，艾达经常关心和帮助我。因为我住的外教宿舍比较远，每次都是她开车来我的宿舍学习汉语，不让我多跑路。她还利用业余时间开车带我买生活用品，请我到她家做客，教我做土耳其餐点，品尝土耳其美食。她代表中资企业参加"汉语桥"比赛时,还开车接送我参加赛事活动。她说:"以前我在北京时,您教我学习汉语,教我学习中国文化,带我品尝中国美食,现在您来土耳其了,我也应该帮助您呀!您还有什么需要帮助的,一定要打电话告诉我啊!"

现在,我和艾达,一个是中国汉语教师,一个是土耳其学生;一个是热爱土耳其的中国心,一个是热爱中国的土耳其心,已经紧紧地联系在一起。我教过的土耳其学生,我住过的土耳其家庭,我结交的土耳其朋友,将永远是我的"远方"亲戚。虽然明年结束任期后必须回国工作,但我知道,土耳其将永远是我的第二故乡。

后　记

受外交部老干部笔会和五洲传播出版社的委托，我有幸担任"我们和你们"丛书之《中国和土耳其的故事》一书的主编。经过大家一起努力，现在这本书终于出版了，我为此自然十分高兴。

回想当初刚接受任务时，我既感到责无旁贷，但也有些忐忑不安。说责无旁贷，是因为此事本身确是一件很有意义的工作，尤其是对于加强中国和土耳其的友好关系而言更是如此。而我自 1960 年调入北京广播学院（现中国传媒大学）外语系学习土耳其语以来，就与土耳其结下了不解之缘，而且毕业后进入外交部工作近 40 年，工作内容从来就没有离开过土耳其（"文化大革命"和下干校期间除外）。我曾先后 4 次被派往中国驻土耳其使领馆工作，累计在土耳其工作、生活过 17 年，直至 2003 年在驻伊斯坦布尔总领事任上退休，其间结交了不少土耳其友人，同他们结下了深厚的友谊。尽管离开土耳其已有多年，但我仍然深深地怀念美丽富饶的土耳其和热情好客的土耳其朋友。对于中土两国人民之间根植于历史的深厚情谊，我有着切身体会，关于两国人民在相处过程中发生的许多体现友谊的动人故事也听过不少。如今，能有一本书记录下这些生动而感人的故事，对于两国人民而言，实在是好事一桩。而我作为同土耳其打了大半辈子交道的人，又在土耳其工作生活过十多年，外交笔会和出版社把担任此书主编的重任交给我，我自然难以推辞，而且非常乐于承担。

但坦率地说，我毕竟离开工作岗位和熟悉的土耳其已有十多年时间，与朋友们联系起来终究不如原来那么方便，对于能否组到相应的有分量的稿件心中无底，因此内心多少也还有些忐忑不安。不过，由于本书选题正好契合"一带一路"倡议，立意较高，而且中土友好对于双方有关人士而言绝不是一句空泛的口号，而都是实实在在的切身感受，所以编书的意愿和目的一经提出，就受到朋友们的热烈拥护和大力支持。他们纷纷应允，立即拿起笔来撰写他们在对方国家经历的点点滴滴以及和当地朋友的日常交往，其中不乏感人肺腑的友好故事，这令我不禁信心大增。我深深地感到，两国人民在性格方面虽有不同，总体而言，土耳其民众率性外露，中国老百姓内敛含蓄，但对待朋友热情友好则是共同的特点。在两国人民的交往中，存在着许许多多体现我们两个古老的东方民族之间深厚友谊的精彩纷呈的故事，而这就是保障本书得以顺利编成的一片沃土。

中国和土耳其两个民族之间的交往由来已久，其历史渊源可以追溯到1000多年以前。土耳其人的祖先本是从中亚地区西迁过来的突厥人。而突厥人本是游牧民族，发祥地就在阿尔泰山一带（"突厥"这一名称最早见于公元542年中国南北朝的古书上），他们逐渐强大后曾在今蒙古国至中亚一带建立国家。由于他们是游牧民族，南下农耕地区抢掠骚扰也是常有之事，因此对中原地区各王朝构成严重威胁，双方之间不时兵戎相见。但在和平时期，双方之间交往甚多，边贸活动也十分活跃。突厥人炼铁技术颇佳，他们便以铁器换取中国的绢帛。不仅如此，双方宫廷之间还多次有过联姻，据史书记载，北齐、北周曾争相同突厥"结婚姻，遣绵帛"，之后的隋、唐也都有过公主嫁与突厥可汗。后来，突厥由于内部纷争陷于分裂，并最终在唐朝和回纥（维吾尔人的先祖）的联合打击下归于消亡。突厥人部分融入回纥、部分归属唐朝（"安史之乱"中的史思明便是突厥人）。还有一部分开始西迁，其中一支直抵小亚细亚半岛，势力不断壮大，终于在公元13世纪末建立起赫赫有名的奥斯曼王朝，并于15世纪取代原来的拜占庭（即东罗马）帝国，成为一代霸主，这便是现代土耳其的前身。

因此，土耳其朋友经常说"土耳其人的根在亚洲"，自己是"西化了的东方人"。土耳其作家库尔特对此说得非常形象，他说："我们骑着马来到阿纳托利亚，灵魂却还留在那遥远的东方，我们总想成为西方人，但其实还是东方人。"他们还说，土耳其人和中国人曾经是"邻居加亲戚"——从古代双方的联姻情况来看，这种说法确是事实。在奥斯曼帝国时期，尽管同中国相距甚远，但中土之间的友好交往并未完全中断，丝绸之路便是联系双方的重要纽带。关于这一点，伊斯坦布尔的托普卡珀博物馆（相当于中国的故宫博物院）中收藏的1万多件中国历代瓷器就是最好的证明。中土两国于1971年建交后，双边关系进入一个崭新的阶段。进入80年代，中土关系得到进一步发展，1982年和1984年，埃夫伦总统和李先念主席进行了互访，接着两国总理也分别访问了对方国家。到上世纪90年代，德米雷尔总统和卡莱姆利议长相继访华，我国乔石委员长和李鹏委员长也分别访土。进入21世纪，我国江泽民主席、朱镕基总理、李瑞环政协主席曾先后出访土耳其，土总统居尔也于2009年访华。2010年，温家宝总理访问土耳其，双方建立战略合作关系。2012年，习近平副主席访土，埃尔多安总理实现访华，两次访问中双方签订了多项合作协议。特别要指出的是，丝绸之路的概念在土耳其深入人心，故而当习近平主席关于"一带一路"的倡议一经提出，便受到土耳其朝野上下的一致支持和响应，他们期待着同中国一起"重新振兴丝绸之路"。2015和2016年，二十国集团（G20）峰会先后在两国举行，在此期间，习近平主席和埃尔多安总统都进行了会晤，再次就振兴丝绸之路进行了探讨。鉴此，我们完全可以预见，在建设"一带一路"的共同努力中，中土友好合作之路必将越走越宽。

本书就是在这样的背景下由中土双方20多位作者共同撰写的。其中，中方作者都曾有过在土耳其工作、生活的经历，他们中有长期同土耳其打交道的前驻土大使、总领事、大使夫人等资深外交人士，有

后记

  为促进双方相互了解、增进彼此友谊而辛勤工作的孔子学院教师和从事对土对华广播的人士,有为开展经贸合作而长年在对方国家工作的公司代表,还有与对方人士喜结连理来到对方国家生活的人士。他们都曾在不同的岗位上,通过自己的辛勤努力,为中土友好的崇高事业作出过自己的贡献,而且从各种不同的视角,对两国人民的友谊作出了不同的诠释,故此,他们的故事情真意切,读来感人至深。

  而土方作者中既有外交部副次长及前驻华使馆参赞等高级外交官,也有不同年份来华留学并持续为增强双方往来和友谊的商界和教育界人士,还有从事新闻和广播工作的媒体人士。他们中有的曾长期或现在仍在中国学习或工作,有的曾多次访华并撰写过中国见闻,总之,他们都为中土友谊的大厦添过砖、加过瓦,都对中国人民怀有友好的情愫。他们根据自己的亲身体会和在中国的所见所闻,写出了自己的观察和情感以及亲历的各种友好故事,读来分外亲切动人。

  在主编此书过程中得到各位作者的通力合作和热情支持,在此我要向他们表示由衷的感谢。同时,我要特别向土耳其外交部副次长、前驻华大使埃森利先生表示特别的敬意和谢忱,他身居要职,工作繁忙,仍不辞辛劳,拨冗疾书,为本书奉献了他的大作。不仅如此,之后不久,他又在很短的时间内应约为本书撰写了精彩的序言。他对我们基本上是有求必应,毫不推托,真正体现了一位中国人民的老朋友的本色,也体现了他对中土友好关系的极大重视。

  同时,在本书组稿和部分稿件的翻译过程中,我得到了中国驻土耳其大使郁红阳的夫人赵玫玫女士和中国国际广播电台土耳其语部副主任徐新月女士的鼎力相助,在此也要向她们二位致以最诚挚的谢意。应该说,本书得以出版,她们二位功不可没。此外,对干出版社编辑同志的指导和支持,在此也一并表示感谢。

  本书的中土两国 20 多位作者撰写的真实故事,尽管在中土友好关系的长河中只是沧海一粟,但却生动体现了中土两国建交以来友好合作关系发展的深度和广度,读了不禁使我们对进一步推进历史悠久的中土友好关系充满信心,相信读者朋友们阅后也会和我们有同样的感受。回顾历史,展望未来,中土两国人民间的友谊一定会历久弥新,万古长青!

徐 鹞

2018 年 3 月